第2版
経理・財務スキル検定

経理・財務スキル検定™
FASS
Finance & Accounting Skill Standard

FASS
スピード問題集

TAC FASS研究会

TAC出版
TAC PUBLISHING Group

はじめに

　本書は、経理・財務スキル検定（以下、FASS）におけるスコアアップ（レベルB以上）を目的としています。

　経理・財務のスキルはビジネスパーソンにとって不可欠なものとなっています。会計や税務の専門的な資格はあるものの、その能力を測る一般的な尺度は多くありません。その中で、資産、決算、税務、資金という4つのカテゴリーで、経理・財務の基本的な業務を俯瞰できるFASSは有用な尺度といえます。出題内容は、広範囲ながらも業務プロセスを中心とし、原理原則の規定に基づいたものとなっており、ひとつひとつの基礎力の修得が、ビジネスパーソンとしての地力を高めることになります。

　近年、会計制度や税法の改正も目まぐるしく、矢継ぎ早の対応に迫られています。その場面で必要とされるのは、専門家に委ねざるを得ない高度な知識よりも、その前段階の一般的な素養であるといえます。実務の最前線で奮闘し、経験値を積み重ねることの重要性は否定できませんが、一方で、業務として携わることのない領域を補完することで、全体的なレベルを引き上げることは企業のニーズにマッチしたものであり、FASSの目的とするものであるといえます。

　本書の構成は、4つのカテゴリーを、さらに業務ごとに区分したうえで問題を設定していますので、取り掛かりやすい内容から演習することをお勧めします。また、初学者の方でも学習しやすいように解説を充実させています。難解な項目は、解説と照し合わせて正しい内容をインプットすることから始めるのも一考です。

　FASSの定期的な受験によって、継続的な知識のリニューアルを測っていくことをお勧めします。本書を読者の皆様の経理・財務のスキルアップのためにご活用いただければ幸いです。

TAC FASS研究会

● 経理・財務スキル検定(FASS)とは?

　経理・財務スキル検定(以下、FASS)は、「経済産業省平成16年度高度専門人材育成事業」の一環として、日本CFO協会が同省からの委託を受けて行った「経理・財務スキル検定プログラム開発プロジェクト」の成果に基づき実施・運営されている検定です。

● 対象者

　経理・財務部門の定型的実務に従事されている方、これから経理・財務部門に従事しようとしている方。

● FASSによって何が測定されるか?

　FASSは、受験者が持っている経理・財務分野の「実務知識」を、資産・決算・税務・資金の4つに区分して「客観的に」測定する試験です。ここで「実務知識」とは、「原理・原則を法令・規則等に従って適切に運用するために必要な知識」、また「客観的に」とは、「同じ知識レベルを持っている人であれば、どの回の試験を受けても同じ結果が出るように」ということです。FASS試験結果は、合格・不合格ではなくTOEICテストなどと同様に統計的な処理を行ったスコアと5段階のレベルで示されます。なお、スコアを8で割った値が、おおよその正答率(%)となります。

● 試験結果の評価区分

レベル	スコア	評価
A	689～800点	経理・財務分野について、業務全体を正確に理解し、自信を持って経理・財務部門の業務を遂行できるスキルをもっている。
B	641～688点	経理・財務分野のほとんどの業務を理解し、業務を遂行できるスキルをもっている。分野によって知識の正確さに個人差があるものの、業務を妨げるようなことはなく、適切に対応できるスキルをもっている。
C	561～640点	経理・財務分野について、日常の業務を行うための基本的なスキルが身についているが、自己の経験以外の業務への対応力について差が見られる。日常の業務であれば、業務を理解して、支障なく対応できるスキルをもっている。
D	441～560点	分野によって、知識の正確性に差があり、不十分な部分が多いが、支援を受けながら、最低限の業務を行うスキルをもっている。
E	0～440点	経理・財務分野について、部分的にしか理解できていない、今後の努力を期待する。

● FASSの特長

1）経理・財務の実務における「一般常識」が問われる試験

　FASSで出題される問題は、経理・財務の各分野において豊富な実務経験を持つFASS運営委員が、「実務家であれば知っていて当然」と判断した知識を問う問題がほとんどです。つまりFASSで問われるのは、経理・財務の実務における「一般常識」であり、高度な専門知識ではありません。

2）知識の有無がストレートに点数に反映される試験

　FASSは、法令・規則等を中心とした実務知識を知っているか否かをストレートに問う問題で構成されており、複雑な計算問題や引っ掛けを狙ったような問題は一切出題されません。したがって、例えば「知っているのに計算ミスで間違えた」あるいは「設問が難解だったために間違えた」というような形で失点することはほとんどありません。

3）同じ能力であれば何度受験しても同じスコアになる試験

　FASSは、TOEICテストに代表される米国流のインストラクショナル・デザインの考え方に基づき設計されていますので、同じ能力であれば何回受験しても同じスコアが出るしくみになっています。またこのことは、異なる回に受験した社員間のスコアがそのまま比較可能であることを意味しています。

● FASSの出題傾向

　FASSの問題は、経理・財務業務を「資産」、「決算」、「税務」、「資金」の4つに区分して出題されますが、これは「業務プロセス」を軸にした区分である点に注意してください。例えば、「資産」や「決算」分野で問われるのは、単に「資産」勘定あるいは「決算」手順に関する知識のみならず、「資産」（管理）業務あるいは「決算」業務を行う上で必要な知識ですので会計知識はもとより法人税法、会社法、金融商品取引法なども学習対象となります。また、「税務」分野には、法人税法、消費税法のみならず税効果会計、連結会計といった会計知識が不可欠ですし、「資金」分野でも、社債会計、金融商品会計、あるいはヘッジ会計、外貨建取引の問題が出題されます。

（1）資産分野

　資産分野では、1）売掛債権管理、2）買掛債務管理、3）在庫管理、4）固定資産管理および5）ソフトウェア管理の5つの業務プロセスに関する問題

が出題されます。バランスシート的に見れば、運転資本項目および投資その他の資産を除く有形・無形固定資産が出題範囲ということになります。

基本的には会計知識を問う問題が中心ですが、法人税法の知識も不可欠です。例えば、減価償却の問題では、少額減価償却資産、一括減価償却資産等についての知識を前提とした問題が出題されますし、税制改正の内容も反映されます。

（2）決算分野

決算では、6）月次業績管理、7）単体決算業務、8）連結決算業務、および9）外部開示業務の4つの業務プロセスに関する問題が出題されます。

この分野も会計知識が中心となりますが、会社法および金融商品取引法（および政令・省令）についての知識が前提になりますので、関連の入門書を一読しておくとよいでしょう。また頻出箇所は、決算整理事項（特に経過勘定、引当金）、会社法上の決算手続、連結の範囲、連結修正消去仕訳、決算短信・有価証券報告書に関する開示ルールなどになります。

（3）税務分野

税務分野では、10）税効果計算業務、11）消費税申告業務、12）法人税申告業務、13）連結納税申告業務、および14）税務調査対応の5つの業務プロセスに関する問題が出題されます。

基本的には、税務申告、法人税法および消費税法に関する出題が中心ですが、税効果会計や連結納税制度の知識も必要となります。

（4）資金分野

資金分野では、15）現金出納管理、16）手形管理、17）有価証券管理、18）債務保証管理、19）貸付金管理、20）借入金管理、21）社債管理、22）デリバティブ管理、23）外貨建取引管理、24）資金管理といった10の業務プロセスに関する問題が出題されます。バランスシート的に見れば、投資その他の資産、固定負債そして純資産が出題範囲ということになります。

資金分野は、FASS出題比率の約半分を占める重要分野です。経理の実務経験がある方は資産・決算・税務分野については馴染みがあるはずですから、FASSのスコア対策という意味では資金分野に最も力を入れるべきでしょう。ただし、有価証券、社債、デリバティブ、外貨建取引などでは会計知識も問われますので、新たに学習が必要な領域は思ったほど多くはないはずです。

● 試験概要

試験実施期間	二期制受験となります。次の受験期間中、いつでも受験できます（祝日・年末年始除く）。 上期：5月1日～7月31日 下期：11月1日～1月31日
再受験規定	同一受験期間内で再受験することはできません。この規定に違反した場合試験結果は無効となりますのでご注意ください。 また、その場合は一切の受験料払い戻しは行われません。 （例）2014年度上期に受験された場合、再受験ができるのは2014年度下期以降となります。
問題数	「FASS」試験本体…上記の出題範囲から合計で100問（四肢択一）
試験時間	「FASS」試験本体90分
試験結果	「FASS」試験本体…合否ではなく総合点から5段階のレベルでスキル評価し、分野毎の達成度合いも表示します。 ※なお、試験結果は試験終了後、試験会場にてお渡しします。
受験方法	試験は全国にある試験センターでコンピューターでの受験となります。受験申込から試験実施まで試験運営会社のCBT-Solutions社が運営を行います。 ※受験チケット（バウチャー）の販売期間は各期それぞれ以下のとおりとなります。 上期：2月11日～7月15日 下期：8月1日～1月15日
受験料	一般￥10,000（税抜）／日本CFO協会会員￥8,000（税抜） ※日本CFO協会会員には団体受験による割引があります。詳しくは日本CFO協会ホームページにてご確認ください。

● 過去累計結果 （2013年7月末現在）

総受験者数	32,067人
最高点	800点
最低点	96点
平均点	583点

レベルA	レベルB	レベルC	レベルD	レベルE	合　計
4,486人 (14.0%)	5,592人 (17.4%)	9,507人 (29.6%)	9,123人 (28.4%)	3,359人 (10.5%)	32,067人

目次

| | 問題 | 解答・解説 |

第1章　資産分野

- 売掛債権管理……………………………………… 2 ……… 22
- 買掛債務管理……………………………………… 6 ……… 26
- 在庫管理…………………………………………… 10 ……… 30
- 固定資産管理……………………………………… 14 ……… 33
- ソフトウェア管理………………………………… 19 ……… 38

第2章　決算分野

- 月次業績管理……………………………………… 42 ……… 56
- 単体決算業務……………………………………… 44 ……… 58
- 連結決算業務……………………………………… 49 ……… 62
- 外部開示業務……………………………………… 52 ……… 67

第3章　税務分野

- 税効果計算業務…………………………………… 72 ……… 88
- 消費税申告業務…………………………………… 74 ……… 90
- 法人税申告業務…………………………………… 78 ……… 94
- 連結納税申告業務………………………………… 82 ……… 97
- 税務調査対応……………………………………… 85 ………101

第4章　資金管理

- 現金出納管理………………………………………104 ………128
- 手形管理……………………………………………106 ………130
- 有価証券管理………………………………………109 ………132
- 債務保証管理………………………………………112 ………136
- 貸付金管理…………………………………………114 ………138
- 借入金管理…………………………………………116 ………139
- 社債管理……………………………………………118 ………141
- デリバティブ取引管理……………………………120 ………143
- 外貨建取引管理……………………………………122 ………145
- 資金管理……………………………………………124 ………148

第1章 資産分野

問題

売掛債権管理

問題1　与信管理業務において取引先企業の信用を検証するときに取り上げられる定性的データに関する項目で適切でないものはどれか。

a　信用調査機関による評価結果
b　契約時の債務支払条件
c　自己資本利益率
d　会社の資本構成

問題2　取引先企業の信用を検証するときに、定量的データである総資産利益率を分析することがある。下記の前提で算定するといくらか。

（単位：千円）

資産：100,000；　負債：40,000；　純資産：60,000；　利益：3,000

a　1.5％
b　5％
c　3％
d　7.5％

問題3　連帯保証に関する記述の組み合わせのうち、正しいものはどれか。

A：保証人が主たる債務者と連帯して債務を負担すること。
B：複数の債務者が同一内容の給付について、それぞれ独立に債権者に対して全部の給付をする債務をいい、その中の一人が弁済すれば、他の者も債務を免れるという多数当事者の債務のこと。

a　A
b　B
c　A及びB
d　A、Bのいずれでもない

問題4　与信限度額に関する記述で適切でないものはどれか。

a　与信管理のためには、最低3ヵ月ごとに各取引先の販売額が与信限度額をオーバーしていないか監視する必要がある。
b　与信限度額の設定方法については、販売目標設定法、月商の1割法等さま

ざまな方法があるが、実情に合わせて組み合わせるのが望ましい。
c 与信限度額は、得意先の状況如何により柔軟に設定するものである。
d 与信限度額は、得意先ごとの経営状態における支払能力に応じて定めた売掛金残高と受取手形残高の最高額のことである。

問題5 取引契約内容の検証に関する記述で適切なものはどれか。

A：法的に問題ないか
B：社内規定に反していないか
C：行政官庁への許認可・届出は必要ないか

a A
b A及びB
c A及びC
d A、B、Cの全て

問題6 継続的な取引契約におけるチェック体制に関する記述で適切でないものはどれか。

a 信用調査機関による調査
b 債権残高状況のチェック
c 与信限度額の定期的な見直し
d 承認権限者による承認実施

問題7 売上の原則的計上基準は販売基準であるが、据付工事が必要な機械装置を販売した場合の売上を計上するタイミングで適切なものはどれか。

a 商品を引き渡した日
b 商品を出荷した日
c 商品を検収した日
d 代金を回収した日

問題8 特殊な販売契約による売上収益の計上基準に関する記述で適切でないものはどれか。

a 試用販売においては、買い手が買取りの意思表示をしたときに売上を計上する。
b 委託販売においては、委託者が商品等を発送したときに売上を計上する。

c 割賦販売では、商品を引渡したときもしくは割賦金の入金日または回収期限の到来したときに売上を計上する。
d 予約販売では、予約金受取額のうち、商品等を引渡した部分に相当する金額を売上として計上する。

問題9 債権分類に関する記述で<u>適切でない</u>ものはどれか。
a 一般債権
b 貸倒懸念債権
c 破産更生債権等
d 不良債権

問題10 得意先（売掛金）元帳に関する記述で適切なものはどれか。
a 得意先ごとに売掛金の増減の経過と結果を明らかにする帳簿
b 得意先への請求が遅滞なく行われているかを管理する帳簿
c 売掛金の未回収の発生原因を明らかにする帳簿
d 売掛金全部の増減と残高を把握するための帳簿

問題11 債権残高確認に関する解説で（　）内に入る語句の組み合わせで適切なものはどれか。

「得意先に当社の売掛金等の債権の（ A ）で知らせて確認し、先方の（ B ）と合致するかどうか、また差異があれば（ C ）すること。」

a A 帳簿残高を文書　　B 債権残高　　C 差額を調整
b A 帳簿残高を電話　　B 債権残高　　C その原因を調査
c A 帳簿残高を文書　　B 帳簿残高　　C その原因を調査
d A 帳簿残高を電話　　B 帳簿残高　　C 差額を調整

問題12 滞留債権発生の事後的対応策に関する次の組み合わせのうち、最も適切なものはどれか。

Ⅰ 与信管理の強化
Ⅱ 基本契約書作成
Ⅲ 債権保全措置の実行
Ⅳ 連帯保証人設置

a ⅠとⅣ

b　ⅠとⅢ
c　ⅡとⅢ
d　ⅡとⅣ

問題13　貸倒見積高の算定方法に関する記述で適切でないものはどれか。
a　一般債権については、過去の貸倒実績率等合理的な基準により見積る。
b　貸倒懸念債権については、債権の元本及び将来受け取り予定の利息の合計額と債権の帳簿価額との差額を貸倒見積高とする。
c　貸倒懸念債権については、債権額から担保の処分見込額及び保証による回収見込額を減額し、その残額について貸倒見積高を算定する。
d　破産更生債権等については、債権額から担保の処分見込額及び保証による回収見込額を減額し、その残額を貸倒見積高とする。

問題14　次の貸倒に関する解説で（　）内に入る語句の組み合わせとして最も適切なものはどれか。

「対象債権の貸倒金額が貸倒引当金を上回る場合、不足分については（　A　）を計上し、逆に引当てが不要となった場合には戻入れ分を（　B　）に計上する。」

a　A　貸倒引当金　　　　B　貸倒引当金戻入
b　A　貸倒損失　　　　　B　貸倒引当金
c　A　貸倒損失　　　　　B　貸倒引当金戻入
d　A　貸倒引当金　　　　B　貸倒引当金繰入

問題15　「売上割戻」に関する記述で最も適切なものはどれか。
a　商品に品質不良や欠陥などがあったために生じた売上代金の減額
b　商品に品違いや欠陥があったために戻されること
c　売掛金の決済期日前に回収したことによる減額
d　一定期間に大量に購入してもらったことによる売上代金の減額

問題16　売上値引を計上する場合、売上総額と値引額を個々に把握するための最も適切な処理はどれか。
a　（借）売　　　　上　××　　（貸）売　掛　金　××
b　（借）売上値引　××　　　　（貸）売　掛　金　××
c　（借）売　掛　金　××　　　（貸）売　　　　上　××
d　（借）売　掛　金　××　　　（貸）売上値引　××

問題17　売上債権に関する時効の中断事由に関する記述で適切なものはどれか。
a　内容証明郵便で代金請求する。
b　残高確認書を送付する。
c　代金の全部を支払わせる。
d　裁判所に請求して差し押える。

問題18　売掛金管理における滞留債権対応のリスクに関する記述で適切でないものはどれか。
a　滞留債権に関する社内周知が遅れ、当該取引先への販売が継続される。
b　滞留債権の債権区分への分類と回収可能見積額を誤り、適正な貸倒引当金が計上されない。
c　契約で定められた金額とは異なる値引き・割戻しが実施される。
d　貸倒引当金伝票の計上額を誤る。

問題19　「数量・単価の確認を誤り、売上の計上額を誤る」というリスクに対するコントロールに関する記述で適切なものはどれか。
a　出荷票や検収確認書等の売上証憑書類と売上伝票を突合し金額を確認する。
b　顧客管理台帳と請求書を突合し確認する。
c　入金明細及び債権残高明細と会計帳簿を突合し、計上に漏れがないことを確認する。
d　契約書における単価について、最終見積価格と乖離していないことを確認する。

買掛債務管理

問題1　下請代金支払遅延等防止法に関する解説で（　）内に入る語句の組み合わせとして最も適切なものはどれか。

「親事業者と下請事業者の（ A ）な取引を目指し、立場の弱い下請事業者の利益を害することを防止するために、（ B ）の特別法として制定されている。」

a　A　公正　　　　B　景表法
b　A　合理的　　　B　消費者契約法
c　A　合理的　　　B　会社法
d　A　公正　　　　B　独占禁止法

問題2　下請代金支払遅延等防止法（下請法）において、親事業者の義務とされていない事項はどれか。
a　支払期日の指定
b　発注内容を記載した書面の作成・保存
c　遅延利息の支払い
d　割引困難な手形の交付

問題3　下請代金支払遅延等防止法における親事業者の禁止事項に関する記述で適切でないものはどれか。
a　注文品などを受け取った日から支払期日（最長90日）までに、その代金を支払わないこと。
b　注文したあと自分の都合でその代金を減額して支払うこと。
c　有償で支給した原材料等の対価を、下請代金の支払期日より早い時期に支払わせること。
d　一般の金融機関で割引を受けることが困難であると認められる手形を交付すること。

問題4　商品や原材料の仕入を計上する一般的な基準として適切なものはどれか。
a　入荷基準
b　検収基準
c　引渡基準
d　出荷基準

問題5　仕入の計上基準として入荷基準を採用している場合において、気を付けなければならないこととして適切なものはどれか。
a　商品の価格が類似品の価格又は市価に比べて、著しく低い額を不当に定めていないどうか。
b　発注書を作成する前に、購入伺書などの決裁書を作成したかどうか。
c　納品された商品について品質チェックを行ったかどうか。
d　入荷処理をした後に不良品が見つかった場合、入荷の取り消し処理が行われているかどうか。

問題6　商品の仕入計上を検収基準で行っている場合の記述で適切でないものはどれか。

a　商品の到着後、発注内容と同じかどうかの検収を行った旨を取引相手に伝え、先方からの請求書が届いたことを確認した上で仕入及び買掛金を計上した。
b　商品の検収を明確にするために会社独自の検収基準を設け、それに基づいて行っている。
c　商品の所有に関する重要なリスクと経済価値の移転という観点からすると、単に商品が届いたことをもって仕入れ計上するべきではない。
d　発注内容と納品物が一致しているかどうかは納品の担当者が行うが、納品書にはその上司の確認印も押印し責任の所在を明らかにした方がよい。

問題7　仕入先の了解により、値引金額が確定した場合の処理で最も適切な処理はどれか。

a　（借）買　掛　金　××　　　（貸）仕　入　値　引　××
b　（借）買　掛　金　××　　　（貸）仕　入　割　戻　××
c　（借）買　掛　金　××　　　（貸）仕　入　割　引　××
d　（借）仕　入　値　引　××　　（貸）買　掛　金　××

問題8　領収書の管理に関する記述で適切でないものはどれか。
a　仕入先からの領収書は、日付順等により整理・保管する。
b　領収書の金額が訂正された場合には、訂正印を押印のうえ保管する。
c　領収書を受け取る際には、不正・誤謬の発生を防止するため、仕入先からの領収書用の印影を印鑑証明等であらかじめ入手しておき、当該領収書の印影と照合する。
d　原則として、総合振込み・相殺等により領収書が発行されない場合を除き、領収書は必ず入手する。

問題9　購買部門、会計部門、出納部門の３つに組織が区分されている場合、会計部門にとって買掛金支払いにおける留意事項に関する記述で適切でないものはどれか。
a　請求書及び支払依頼書を仕入先元帳と照合する。
b　支払日をもって仕入先別元帳に記帳する。
c　支払対象取引金額の消し込みを行う。
d　責任者の承認を受けて、支払いを実行する。

問題10 滞留買掛金の管理に関する記述で<u>適切でない</u>ものはどれか。
a 買掛金は年齢調べを行い、長期滞留の調査を行う。
b 長期未払いの原因には、支払不要、係争、記帳誤りの場合等がある。
c 1年以上滞留した買掛金は、直ちに雑益又は雑収入に振り替え消し込みを行う。
d 買掛金の滞留の発生原因を明確にしたうえで適切な処理を行う。

問題11 決済期日別に債務残高を管理するメリットに関する記述で<u>適切でない</u>ものはどれか。
a 二重支払いを防止することができる。
b 支払いが遅れるのを防止することができる。
c 支払いの取り消しなどのトラブルを防止することができる。
d 資金管理に役立つ。

問題12 期日別債務残高管理を行う上で、手続きの手順を正しく示しているものはどれか。

A 支払金額について資金調達管理を行う部門に報告する。
B 支払う上で問題がないか検証する。
C 買掛金を期日別に整理する。

a B→A→C
b B→C→A
c C→B→A
d C→A→B

問題13 仕入先別元帳に関する記述で適切なものはどれか。
a 仕入れの値引きや割戻しが行われた場合は、毎月一定時期にまとめて買掛債務を修正する。
b 取引先が少ない場合は買掛金勘定で残高を把握できるので、事務手続きのコストを削減するために仕入先別元帳の作成は省略すべきである。
c 仕入先別元帳の合計額と総勘定元帳の買掛金残高は必ず一致する性質なので、仕入先別元帳を適正に記録していたなら買掛金残高との金額のチェックは省略してもよい。
d 仕入先別元帳に「赤残債務(借方残高)」が発見された場合は、直ちに原因を調査する。

問題14 買掛債務管理における仕入れのリスクに関する記述で適切でないものはどれか。
a 契約とは異なった入荷を受け入れる。
b 仕入または買掛金の計上日を誤る。
c 架空の仕入または買掛金が計上される。
d 架空の契約・発注が行われる。

問題15 「期日到来の確認を誤り早期支払いをすることで会社の資金繰りを悪化させる」というリスクに対するコントロールに関する記述で適切なものはどれか。
a 担当者は、期日到来予定一覧により支払いを実行する。
b 期日別残高管理と請求書を突合し、適切な支払日となることを確認する。
c 契約書・請求書と期日別残高管理台帳を突合し、支払期日が正しく記載されていることを確認する。
d 仕入先別管理台帳と会計帳簿を突合し、計上に漏れがないことを確認する。

在庫管理

問題1 実地棚卸に関する次の記述のうち適切なものはどれか。
a 実地棚卸を公正かつ正確に行うため、各部署を区分し、状況に精通した人員のみで実施する。
b 棚卸票には、品目ごとに区分し、分散して保管しているものでも同一票にまとめて記入する。
c 実地棚卸の結果、回収された棚卸原票をもとに実在高を集計し、棚卸資産の帳簿在高と照合する。
d 実地棚卸は、自社の保有している棚卸資産に限られ、他社からの預り品等については区分管理し実地棚卸の対象となることはない。

問題2 実地棚卸を行う目的として適切でないものはどれか。
a 不良品や長期間保管されている商品を発見する
b 社内の不正を防止する
c 棚卸資産を把握し、決算資料に役立てる
d 商品を整理し、在庫管理に役立てる

問題3　商品在庫が盗難や不正使用されないようにするための方法として適切なものはどれか。
a　入出荷の締切日を確認し、その期限内の在庫がカウントされていることを確認する。
b　販売数量と出荷数量とが一致していることを確認する。
c　受払証憑と受払帳簿を突合し確認する。
d　物品を管理している建物・部屋は施錠管理し、鍵の受け渡しを記録する等して、入退出管理を徹底する。

問題4　次の棚卸資産の評価基準に関する解説で（　）内に入る語句の組み合わせとして最も適切なものはどれか。

「通常の販売目的で保有する棚卸資産は、（ A ）をもって貸借対照表価額とし、期末における（ B ）が（ A ）よりも下落している場合には、当該（ B ）をもって貸借対照表価額とする。この場合において、（ A ）と当該（ B ）との差額は当期の費用として処理する。」

a　A　正味売却価額　　　B　取得原価
b　A　取得原価　　　　　B　正味売却価額
c　A　時価　　　　　　　B　取得原価
d　A　再調達原価　　　　B　正味売却価額

問題5　製品在庫量が帳簿残高より少ない場合の処理で最も適切な処理はどれか。
a　（借）　棚卸減耗損　××　　（貸）　製　　品　　××
b　（借）　製　　品　　××　　（貸）　棚卸減耗損　××
c　（借）　製品評価損　××　　（貸）　製　　品　　××
d　（借）　製　　品　　××　　（貸）　製品評価損　××

問題6　以下の資料に基づいて算定された棚卸減耗損（費）と商品評価損に関する組み合わせのうち、適切なものはどれか。

（資料）
　期末商品帳簿数量：100個　　　原価：＠1,100円
　期末商品実地数量： 90個　　　正味売却価額：＠1,000円

a　棚卸減耗損：10,000円　　　商品評価損：10,000円
b　棚卸減耗損：10,000円　　　商品評価損：11,000円

第1章●資産分野

11

c 棚卸減耗損： 9,000円　　商品評価損：11,000円
d 棚卸減耗損：11,000円　　商品評価損： 9,000円

問題7　棚卸資産に関する記述で（　）内に入る語句の組み合わせとして最も適切なものはどれか。

「棚卸資産は、商品、製品、半製品、原材料、仕掛品等の資産であり、企業がその（　A　）目的を達成するために所有し、かつ、（　B　）を予定する資産である。」

a　A　利益　　B　購入
b　A　利益　　B　売却
c　A　営業　　B　購入
d　A　営業　　B　売却

問題8　棚卸資産の受け払いの管理に関する記述で適切でないものはどれか。
a　売上原価を抑え利益を拡大することができる
b　円滑な入荷活動や出荷活動を行うことができる
c　手持ちの在庫量を常に正確に把握することができる
d　適正在庫数量の基準を定めている場合、その基準を守ることができる

問題9　棚卸資産の受け払い管理における数量の算定方法として、次の説明に該当する最も適切なものはどれか。

「棚卸資産の種類ごとに受け入れと払い出しを記録する方法で、売上数量を帳簿上で常に把握する方法である。」

a　定額法
b　商品有高帳
c　継続記録法
d　棚卸計算法

問題10　先入先出法の説明として適切なものはどれか。
a　取得原価の異なる棚卸資産を区別して記録し、その個々の実際原価によって期末棚卸品の価額を算定する方法
b　取得した棚卸資産の平均原価を計算して払出単価を求める方法
c　最も古く取得されたものから順次払出しが行われ、期末棚卸品は最も新し

く取得したものからなるとみなして、払出単価を計算する方法
d　期末に最も近い時点で最後に棚卸資産を取得したときの単位当たり取得原価をもって期末棚卸品の評価を行う方法

問題11　期末棚卸資産の評価方法で、期首時点から期末時点にかけて仕入価格が上昇を続けている場合、売上原価が期末時点の時価と最も乖離するものはどれか。

a　個別法
b　先入先出法
c　売価還元法
d　移動平均法

問題12　過剰在庫の弊害に関する記述で適切でないものはどれか。

a　在庫維持費用の増加
b　運転資金の圧迫
c　在庫の陳腐化
d　在庫回転率の向上

問題13　下記のケースにおいて在庫回転率はいくらになるか。

棚卸資産：10,000円
売上高：40,000円
売上総利益：15,000円

a　0.25回転
b　3.0回転
c　4.0回転
d　1.5回転

問題14　適正在庫管理を行うための手順として適切なものはどれか。

A　過剰在庫を解消する
B　適正在庫数量の基準を定める
C　在庫回転率を求める

a　A→B→C
b　B→C→A

c C→B→A
d C→A→B

問題15 在庫管理における残高管理のリスクに関する記述で<u>適切でない</u>ものはどれか。
a 帳簿残高の更新を誤る。
b 棚卸結果の集計を誤る。
c 棚卸補正の修正伝票の経常金額が誤る。
d 受払いの記録を誤る。

固定資産管理

問題1 少額減価償却資産に該当する使用可能期間と取得価額に関する次の組み合わせのうち、最も適切なものはどれか。
a 2年未満又は10万円未満
b 2年未満又は15万円未満
c 1年未満又は10万円未満
d 1年未満又は20万円未満

問題2 3年間で一括償却できる償却資産に関する次の記述のうち適切なものはどれか。
a 10万円以上
b 10万円以上20万円未満
c 10万円以上50万円未満
d 50万円未満

問題3 以下の項目のうち、購入した固定資産の取得原価に含められるものはいくつあるか。

Ⅰ 購入代価
Ⅱ 引取運賃
Ⅲ 購入手数料
Ⅳ 据付費

a 1つ
b 2つ
c 3つ

d　4つ

問題4　国庫補助金に関する解説で（　）内に入る語句の組み合わせとして最も適切なものはどれか。

「固定資産の取得・改良に充てるため（　A　）から補助金等の交付を受け、その補助金等で交付の目的に適合した固定資産等の取得等をしたときは、その取得した固定資産等につき（　B　）が認められる。」

a　A　国や地方公共団体　　　B　減損会計
b　A　金融機関　　　　　　　B　圧縮記帳
c　A　金融機関　　　　　　　B　減損会計
d　A　国や地方公共団体　　　B　圧縮記帳

問題5　減価償却の対象となる固定資産として適切なものはどれか。
a　特許権
b　土地
c　借地権
d　建設仮勘定

問題6　以下の資料のもとで、定額法により1年目の減価償却費を算定した場合いくらになるか。

（資料）
取得価額　1,000万円
耐用年数　5年
平成19年4月1日購入。決算日は、3月31日とする。

a　180万円
b　200万円
c　500万円
d　800万円

問題7 以下の資料のもとで、定率法により平成20年3月31日決算の減価償却費を算定した場合いくらになるか。

(資料)
取得価額　1,000万円
耐用年数　10年
償却率　0.25
　平成19年4月1日購入。決算日は、3月31日とする。
　なお、解答の端数処理は四捨五入している。

a　100万円
b　188万円
c　250万円
d　500万円

問題8 固定資産台帳を記録する上で設けるべき項目として適切でないものはどれか。
a　資産の名称
b　資産の種類
c　売却時価
d　減価償却費

問題9 減損の兆候に関する記述で適切でないものはどれか。
a　営業活動からのキャッシュフローが継続的にマイナス
b　取得価額を著しく低下させる変化
c　経営環境の著しい悪化
d　市場価格の著しい下落

問題10 減損損失の認識の判定に関する記述で（　）内に入る語句の組み合わせとして適切なものはどれか。

「減損の兆候がある資産グループ等については、減損損失の認識の判定を行うが、判定にあたっては（ A ）将来キャッシュフローと帳簿価額を比較し、（ A ）将来キャッシュフローが（ B ）場合に、減損損失を認識する。」

a　A　割引前　　B　上回っている
b　A　割引前　　B　下回っている

c　A　割引後　　B　上回っている
d　A　割引後　　B　下回っている

問題11 減損会計に関する記述で適切なものはどれか。
a　減損会計の対象となる固定資産は有形固定資産のみである。
b　回収可能価額とは、正味売却価額と使用価値のうちいずれか低い方の金額である。
c　減損の兆候がある場合、当該資産から生み出される割引後将来キャッシュフローの合計額を見積り、その額が帳簿価額を下回る場合には減損損失を認識する。
d　減損損失として認識される金額は帳簿価額と回収可能価額との差額である。

問題12 修繕費計上の要件に関する記述で適切でないものはどれか。
a　価値向上
b　20万円未満
c　維持管理
d　原状回復

問題13 オペレーティング・リース取引に関する記述で適切なものはどれか。
a　ファイナンス・リース取引のうち所有権が移転しないもの。
b　賃貸借処理に準じた会計処理を行い、損益計算書に費用計上する。
c　売買処理に準じた会計処理を行い、リース資産とリース債務を計上する。
d　リース期間が、リース物件の耐用年数の75％以上。

問題14 ファイナンス・リース取引に関する記述で（　）内に入る語句の組み合わせとして適切なものはどれか。

「ファイナンス・リース取引とはリース期間の（　A　）において当該契約を解除することができないリース取引である。また、借手がリース物件からもたらされる経済的利益を実質的に享受することができ、かつ、リース物件の使用に伴って生じる（　B　）を実質的に負担することとなるリース取引のことをいう。」

a　A　最初　　B　リース料
b　A　最初　　B　コスト
c　A　中途　　B　リース料

d　A　中途　　B　コスト

問題15　償却資産の固定資産税の免税点で適切なものはどれか。
a　課税標準が20万円未満
b　課税標準が30万円未満
c　課税標準が100万円未満
d　課税標準が150万円未満

問題16　固定資産税の対象から除外される資産に関する記述で適切でないものはどれか。
a　鉱業権、漁業権、特許権その他の無形固定資産
b　自動車税が課税される自動車、軽自動車税が課税される軽自動車
c　耐用年数1年未満の減価償却資産又は取得価額が10万円未満の減価償却資産
d　取得価額が20万円未満の減価償却資産で法人税法の規定により3年間で一括償却しているもの

問題17　固定資産管理における資産評価（減損）のリスクに関する記述で適切でないものはどれか。
a　減損の要否の判定を誤る。
b　評価額の計上額を誤る。
c　減損すべき資産が減算されない。
d　現物確認を誤る。

問題18　固定資産管理における減価償却費の計上を誤るというリスクに対するコントロールに関する記述で適切なものはどれか。
a　固定資産台帳と会計帳簿を突合し、計上に漏れがないことを確認する。
b　税法・会計基準及び社内で定めた規定に基づいて当該資産の償却方法が適切であることを確認する。
c　減価償却算定資料と償却費伝票を突合し確認する。
d　固定資産台帳の取得価額と会計帳簿の計上額が一致していることを確認する。

ソフトウェア管理

問題1 ソフトウェアの会計処理の際、判定の基礎となる制作目的に関する記述で適切でないものはどれか。

a 受注制作
b 外部購入
c 市場販売
d 自社利用

問題2 受注制作目的でソフトウェアを制作した場合の会計処理として適切なものはどれか。

a 発生時に費用処理
b 無形固定資産に計上した上で償却
c 工事進行基準または工事完成基準のどちらかを選択して処理を行う
d 販売するまでは棚卸資産として計上する

問題3 ソフトウェアの制作費に関する解説で（　）内に入る語句の組み合わせとして最も適切なものはどれか。

「市場販売目的で製品マスターを完成させるまでに要した金額は（　A　）として処理するが、最初に製品化された製品マスターのバージョンアップ（機能の改良・強化）に要した金額は、（　B　）として計上する。」

a　A　研究開発費　　　　B　無形固定資産
b　A　無形固定資産　　　B　研究開発費
c　A　研究開発費　　　　B　棚卸資産
d　A　棚卸資産　　　　　B　研究開発費

問題4 市場販売目的で無形固定資産に計上したソフトウェアの会計処理として適切なものはどれか。

a 発生時に費用処理
b 定額法（原則5年）で償却
c 定額法（原則3年）で償却
d 見込販売数量または見込販売収益に基づいて償却

問題5　自社利用のソフトウェアに関する記述で（　）内に入る語句の組み合わせで適切なものはどれか。

「自社利用のソフトウェアの資産計上の検討に際しては、そのソフトウェアの利用により将来の収益獲得又は（　A　）が（　B　）ことが認められるという要件が満たされているか否かを判断する必要がある。」

a　A　サービス提供　　B　確実である
b　A　サービス提供　　B　見込まれる
c　A　費用削減　　　　B　確実である
d　A　費用削減　　　　B　見込まれる

問題6　自社利用目的で無形固定資産に計上したソフトウェアの会計処理として適切なものはどれか。

a　発生時に費用処理
b　定額法（原則5年）で償却
c　定額法（原則3年）で償却
d　見込販売数量または見込販売収益に基づいて償却

問題7　ソフトウェアの除却に関して説明した以下の文章のうち適切なものはどれか。

A　市場販売目的で計上したソフトウェアは、新しいバージョンの製品の開発に伴って古いバージョンの製品の開発を中止する場合は除却する。
B　自社利用目的で無形固定資産に計上したソフトウェア、利用可能期間の中途でも、使用する見込みがなくなった場合は除却する。

a　A
b　B
c　A及びB
d　A、Bいずれも適当でない

問題8　税務上のソフトウェアの耐用年数に関する記述で（　）内に入る語句の組み合わせとして適切なものはどれか。

「ソフトウェアの耐用年数は研究開発用のものが（　A　）、複写して販売するための原本が（　B　）、その他のものが5年である。」

a A 3年　　B 3年
b A 3年　　B 5年
c A 5年　　B 3年
d A 5年　　B 5年

問題9 ソフトウェア管理における制作実行のリスクに関する記述で<u>適切でないもの</u>はどれか。

a 受注目的ソフトウェアの資産計上金額を誤る。
b 販売目的ソフトウェアの資産計上金額を誤る。
c 自社利用目的のソフトウェアの資産計上金額を誤る。
d ソフトウェアの台帳管理の記入を誤る。

解 答 解 説

売掛債権管理

解答1－c

　取引先企業の信用調査においては、データ分析が不可欠である。主に取り上げられるデータには、定性的データと定量的データがある。

　定性的データとしては、信用調査機関による評価結果、会社の資本構成、主な取引先、契約時の債務支払条件、金融機関とのトラブルの有無等が挙げられる。

　定量的データとしては、財務諸表による決算数値、総資産利益率、自己資本利益率、売上高利益率等の財務指標があげられる。

解答2－c

　経営を効率的に行っているかどうかを判断する分析指標として総資産利益率（ROA：Return On Assets）がある。総資産は総資本と等しくなるので、総資本利益率ともいう。

　分析したい内容に応じて分子の利益は、営業利益、経常利益、当期純利益などを用いて計算を行う。

　総資産利益率（％）＝利益÷資産×100＝3,000÷100,000×100＝3％

解答3－a

　担保には物的担保（留置権、先取特権、質権、抵当権）と人的担保（保証、連帯保証、連帯債務、債務引受）がある。Aは連帯保証の説明で、Bは連帯債務の説明である。

解答4－a

　与信限度額とは、得意先ごとの経営状態による支払い能力に応じて定めた売掛金＋受取手形の最高額のことである。これは、得意先ごとの信用調査に基づいて柔軟に設定することになる。

　与信管理のためには、毎月の得意先ごとの販売額が与信限度額をオーバーしていないか監視する必要があるため、aの選択肢のように、最低3ヵ月ごとに区切って監視する必要があるという記述は適切ではない。

解答5－d

　口約束だけの取引では、トラブルが発生したときに解決に向けた対処ができなくなってしまう。取引条件や瑕疵担保責任などを盛り込んだ約定を書面でハッキリさせることにより、互いに注意義務を遵守し、相互信頼に基づいた取引が可能になる。

　取引は内容によって法規制があるので、民法、会社法、独占禁止法、下請法、外為法など法的に問題ないかを検証する必要がある。また、取引の内容が契約を交わした責任者の権限の範囲内かどうかを社内規定などによって確認する。国際契約を行う場合には行政官庁の許認可や届出が必要な場合もあるので注意が必要である。

解答6－a

　信用調査機関による調査結果は、継続的に把握する必要はあるが、取引開始前の考慮要件としての意味合いが強い。

　与信管理の一般的な手順としては、①取引先の信用調査、財務データ等の入手②信用度の分析③社内与信基準との照合④取引可否の判定⑤与信限度額の設定⑥取引の実行と与信限度額の見直しのサイクルとなる。

解答7－c

　販売基準は①商品・サービスの提供と②対価（売掛金や受取手形を含む）の受取りの2要件を満たしたときに売上を計上するという基準である。①商品・サービスの提供があったときを具体的にいつとするかは次の3つの考え方がある。商品を出荷したときとする出荷基準、商品を引き渡したときとする引渡基準、商品を販売した取引相手が商品を検収したときとする検収基準。なお、代金を回収した日に売上を計上するのは販売基準ではなくて回収基準である。

　据付工事が必要な機械装置の場合は試運転を行うことも多く、取引相手から送られてくる検収報告書に基づいて売上を計上するのが適切である。

解答8－b

試用販売：買い手が買取りの意思表示をしたときに売上を計上する。なお、試用期間が経過しても返品や買取りの意思表示がない場合には、買取りの意思表示があったものとみなして売上を計上する。

委託販売：①受託者が商品等を顧客に販売したときに売上を計上する。
　　　　　②仕切精算書（売上計算書）が販売の都度、受託者から送付されている場合には、仕切精算書が到達した日に売上を計上する

割賦販売：①商品等を引渡した時点で販売代金の全額を売上として計上する。
　　　　　②割賦代金の回収期限が到来した時点でその期限到来分を売上に計上する。
　　　　　③割賦代金を現金で回収した時点で回収額を売上に計上する。
予約販売：予約金受取額のうち、商品等を引渡した部分に相当する金額を売上として計上する。なお、予約金受取の時点では前受金で処理し、商品等の引渡した部分に相当する金額を前受金から売上に振り替えることになる。

解答9－d

不良債権は、回収見込みの可能性の低い債権の総称であり、債権分類とは関係がない。

項目	債権の状況	貸倒引当金の算定方法
一般債権	債務者の経営状態に重大な問題が生じていないもの	債権全体又はその種類ごとに、過去の貸倒実績率など合理的な基準で算定する。
貸倒懸念債権	債務者は経営破綻には陥っていないが、弁済に重大な問題が生じているか、その可能性が高いもの	次のいずれかを選択する。 ①(債権額－担保の処分見込額及び保証による回収見込額)に対し、過去の実績率などから算定する。 ②将来の見積りキャッシュフローを約定利子率で割り引いた現在価値と帳簿価額との差額を引当金とする。
破産更生債権等	債務者が法的又は実質的に経営破綻に陥っているもの	(債権額－担保の処分見込額及び保証による回収見込額)を引当金とする。

解答10－a

b　得意先への請求が遅滞なく行われているかを管理するのは、売掛金回収状況管理表である。
c　売掛金の未回収の発生原因を明らかにするのは、売掛金滞留明細表である。
d　売掛金全部の増減と残高を把握できるのは、総勘定元帳の売掛金勘定である。

解答11 — c

「得意先に当社の売掛金等の債権の（A**帳簿残高を文書**）で知らせて確認し、先方の（B**帳簿残高**）と合致するかどうか、また差異があれば（C**その原因を調査**）すること。」

当社の売掛金残高は得意先の買掛金残高と一致するはずである。しかし、請求漏れ、二重請求、値引きなどの処理が間違っているなどの理由から一致していないことがある。そのため、得意先に文書で知らせて確認し、差異があれば原因を調査しなければならない。

解答12 — b

Ⅰ 与信管理の強化 ………… 事後
Ⅱ 基本契約書作成 ………… 事前
Ⅲ 債権保全措置の実行 ……… 事後
Ⅳ 連帯保証人設置 ………… 事前

滞留債権が発生した場合、下記のような対応策を講じる必要がある。
①与信管理の強化（信用度の確認・見直し、担保の確認・見直し、決算内容や取引のある企業の調査等）
②債権保全措置の強化・実行（債務との相殺、担保の追加取得）

解答13 — b

債権の元本及び利息の受取りが見込まれるときから当期末までの期間にわたり当初の約定利子率で割り引いた金額の総額と債権の帳簿価額との差額を貸倒見積高とする。その他については**解答9**解説参照。

解答14 — c

「対象債権の貸倒金額が貸倒引当金を上回る場合、不足分については（A**貸倒損失**）を計上し、逆に引当てが不要となった場合には戻入れ分を（B**貸倒引当金戻入**）に計上する。」

貸倒引当金は、債権の回収可能性ごとに分類し、合理的・客観的見積りに基づいて算定される。算定された引当金は、損益計算書で必要繰入額を費用計上し、貸借対照表で貸倒引当金として計上する。翌期以降、対象債権が貸し倒れた場合、貸倒引当金と相殺する。

解答15 − d

　aは売上値引、bは売上返品、cは売上割引の説明で、dが売上割戻である。

解答16 − b

　売上総額と値引額を個々に把握する必要がないならば、以下の処理でも構わない。

　　（借）売　　　上　××　　　（貸）売　掛　金　××

解答17 − d

a　内容証明郵便による代金請求だけではなく、請求時から6ヵ月以内に裁判上の請求を行う必要がある。
b　残高確認書は、送付だけでは、時効中断事由にはならない。債務者の署名又はサイン等による債務の承認が必要である。
c　代金の一部の支払いは時効の中断事由であるが、全部支払いなら売上債権は消滅する。

解答18 − c

　契約で定められた金額とは異なる値引き・割戻しが実施されるのは、値引き・割戻し対応に関するリスクである。この場合、算定根拠となる売上証憑と契約書を照合し、値引き・割戻額を確認する。

解答19 − a

　bは請求金額を誤るリスクに対するコントロールである。cは消し込み伝票の計上が漏れるリスクに対するコントロールである。dは数量・価格の確認を誤り、想定とは異なった価格で契約が締結されるリスクに対するコントロールである。

買掛債務管理

解答1 − d

　「親事業者と下請事業者の（**A公正**）な取引を目指し、立場の弱い下請事業者の利益を害することを防止するために、（**B独占禁止法**）の特別法として制定されている。」

　下請代金支払遅延等防止法（下請法）は、親事業者の優越的地位の濫用による不公正な取引を健全化し、下請事業者の保護を図ることを目的としている。

解答2－d

dの割引困難な手形の交付は、親事業者の義務ではなく、禁止事項である。なお、親事業者に課されている義務は以下のとおりである。

義務	概要
3条書面の交付義務	発注の際は、直ちに発注の具体的記載事項をすべて記載している3条書面を交付すること。
支払期日を定める義務	下請代金の支払期日を給付の受領後60日以内に定めること。
5条書類の作成・保存義務	下請取引の内容を記載した書類を作成し、2年間保存すること。
遅延利息の支払義務	支払いが遅延した場合は遅延利息を支払うこと。日数に応じて年率14.6％で計算される。

解答3－a

注文品などを受け取った日から代金を支払わなければならない最長の期日は60日である。

解答4－b

検収基準は、納入された商品・原材料の数量、品質等を検査したうえで仕入を計上する考え方である。なお、問題にある入荷基準は、商品や原材料が当社に到着した日に仕入を計上する考え方である。品違いや不良品が届いてしまう可能性を考えると、単なる到着よりは検収後のほうが妥当であり、検収基準による仕入の計上が一般的であるといえる。

解答5－d

入荷基準においては、商品が到着した時に仕入を計上すると同時に買掛金も計上している。不良品があったため、返品することになった場合には、速やかに入荷の取り消しを行い、仕入・買掛金の修正が必要となる。

解答6－a

企業会計原則においては「すべての費用及び収益は、その支出及び収入に基づいて計上し、その発生した期間に正しく割り当てられるように処理しなければならない。」として、費用及び収益を発生した時に計上することを求めている。仕入れについては、具体的には①商品の受け入れと②対価が確定した時に計上

することを意味する。

検収基準においては、検収が完了したことをもって商品を受け入れたこととし、同時に契約に基づいて支払い義務が確定したと考える。よって、仕入れの計上を請求書が届くまで待つ必要はない。

解答7－a
仕入総額と値引きを区別する必要がないならば、以下の処理でも構わない。
　　　（借）買　掛　金　××　　　（貸）仕　　　入　××
仕入値引（品質不良等による単価の切り下げ分）や仕入割戻（多額の購入をしたことによる代金の減額分）を受けた場合には、仕入れと買掛債務を同額相殺して減額する。

解答8－b
書き損じの場合は、領収書の訂正や日付訂正をするより可能な限り再発行が望ましい。なお、金額欄に関して訂正は認められず、新たなものが必要となる。

また、会社の場合、税務上の帳簿や書類については、法律で保管年数が決められており、領収書は7年間保存するよう義務付けられている。

解答9－d
買掛金の取扱いに関する主な留意事項を部門ごとにみると以下のようになる。
①購買部門
　（a）仕入先からの請求書と注文書控及び検収報告書等と照合する。
　（b）請求金額、支払条件等を確認する。
　（c）社内で定められた責任者の承認を受けた後、会計部門へ記帳を依頼する。
　（d）仕入値引等による買掛金の減少取引については、責任者の承認を受ける。
②会計部門
　（a）請求書及び支払依頼書を仕入先別元帳と照合した後、出納部門へ支払いを依頼する。
　（b）支払日をもって仕入先別元帳に記帳し、支払対象取引金額の消し込みを行う。
③出納部門
　（a）支払条件に適合していることを再度確認する。
　（b）支払承認のある支払依頼書に基づき責任者の承認を受けて、支払いを行う。

解答10 － c

買掛金については、売掛金と同様に滞留管理を実施する。定期的に買掛金の年齢調べを行い、長期にわたり買掛金が滞留している場合には、先方の未請求、当方の二重計上や支払不要等の発生原因を明らかにして、残高を修正するか雑益、雑収入等適切な科目に振り替える。

解答11 － c

仕入れを計上した時に買掛金も計上されることになる。しかし、買掛金の支払期日は取引相手、契約内容によって異なってくる。そのため、二重支払いや支払いの取り消しを防止するために決済期日別に債務を管理することは重要である。また、支払いに必要な資金を準備しておく必要もあるので、支払いのタイミングを知ることは資金管理にも役立つ。なお、支払いの取り消しは支払う金額の問題で、支払いのタイミングとは直接には関係しない。

解答12 － c

期日別債務残高管理は、まずは買掛金を期日別に分類し早い順番に整理するところから始まる。その後に、下請法の規定や支払方法などを検証する。そして、資金調達管理部門に報告をして期日までに資金を準備する流れとなる。

解答13 － d

仕入れの値引きや割戻が行われた場合は、直ちに買掛債務を修正する必要がある。

取引先が少ない場合であっても取引量は多くなる可能性があるので、取引先が少ないことをもって仕入先別元帳の作成を省略すべきではない。

仕入先別元帳の合計額と総勘定元帳の買掛金残高は一致することを確認することによって転記や金額の間違いを見つけることができるので、定期的にチェックをすべきである。

仕入先別元帳が借方残高ということは、過払いや二重支払いの可能性が考えられる。また、現金の支払いは不正が起こりやすい内容でもあり内部統制上も直ちに原因を調査すべきである。

解答14 － d

架空の契約・発注が行われるリスクは、購入・契約に関するリスクである。この場合、取引承認時の根拠資料と契約書を突合し、契約内容が承認を受けたものであることを確認する。

解答15 − b

aは期日到来の確認が漏れ、支払いが実行されないリスクに対するコントロールである。cは期日別債務の把握を誤り、期限を越えた支払いを実施するリスクに対するコントロールである。dは入荷、検収したにもかかわらず、仕入れまたは買掛金の計上が漏れるリスクに対するコントロールである。

在庫管理

解答1 − c

a 実地棚卸が公正かつ正確に行われるための内部牽制効果を考えて他部署による検査や立会を行うことが必要である。
b 棚卸票には、1品目のみ記入し現物に貼付し、分散して保管されている棚卸資産を同じ棚卸票にまとめて記入しない。現状把握をするためである。
d 実地棚卸の対象となる棚卸資産は棚卸資産管理規程に定めるものであるが、他社からの預り品等についても金額が大きい場合や先方から要請がある場合には、対象とする場合がある。

解答2 − d

実地棚卸は単なる数量把握でなく、実際に目で見て商品の品質を確認することも重要である。また、保有期間を把握すれば在庫管理に役立てることもできる。このように実地棚卸を徹底することは内部牽制につながり社内の不正を防止する効果もある。そして、商品の受け払い記帳している場合は帳簿棚卸数量と比較し棚卸減耗損を把握し、正確な利益計算を行うことができる。

商品の整理は実地棚卸を行う前の準備段階で済ませておく内容である。よって、dは適切ではない。

解答3 − d

aは、入出荷の締切りを誤り、架空在庫をカウントするのを防止するのに有効である。bは、受け払いの記録が漏れるのを防止するために行う。cは、架空の受け払いが記録されるのを防ぐことができる。正解はdである。

解答4 − b

「通常の販売目的で保有する棚卸資産は、（A**取得原価**）をもって貸借対照表価額とし、期末における（B**正味売却価額**）が（A**取得原価**）よりも下落している場合には、当該（B**正味売却価額**）をもって貸借対照表価額とする。この場合において、（A**取得原価**）と当該（B**正味売却価額**）との差額は当期の費

用として処理する。」

　通常の販売目的で保有する棚卸資産は、取得原価をもって貸借対照表価額とし、期末における正味売却価額が取得原価よりも下落している場合には、当該正味売却価額をもって貸借対照表価額とする。これは、収益性の低下による簿価の切下げという考え方に基づくものであり、期末棚卸資産の評価基準に低価基準を適用するとしたものである。なお、取得原価と当該正味売却価額との差額は当期の費用として処理される。

解答5－a
　棚卸資産について継続記録法によって把握された帳簿上の期末在庫数量に対して、実地棚卸法で把握された実際の期末在庫数量が不足する場合、この不足分を棚卸減耗という。棚卸減耗が生じた場合には、棚卸減耗損又は棚卸減耗費として帳簿価額から減額することになる。

解答6－d
　棚卸減耗損（費）：（期末帳簿数量－期末実地数量）×原価
　　　　　　　　＝（100個－90個）×@1,100円＝11,000円
　商品評価損：（原価－正味売却価額）×期末実地数量＝（@1,100円－@1,000円）
　　　　　　　×90個＝9,000円

　2つの金額をイメージすると以下のようになる。

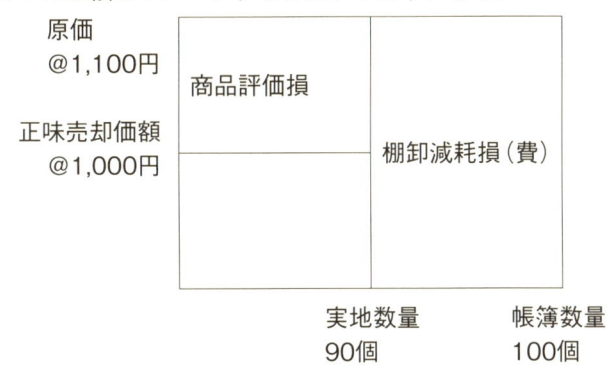

原価 @1,100円	商品評価損	棚卸減耗損（費）
正味売却価額 @1,000円		
	実地数量 90個	帳簿数量 100個

解答7－d
　「棚卸資産は、商品、製品、半製品、原材料、仕掛品等の資産であり、企業がその（A 営業）目的を達成するために所有し、かつ（B 売却）を予定する資産である。」
　棚卸資産は問題文の記述の他、売却を予定しない資産であっても、販売活動

及び一般管理活動において短期間に消費される事務用消耗品等も含む。

解答8－a
　棚卸資産の受け払いを管理することによって、在庫量を常に把握することができる。これは、入荷や出荷のタイミングを決定するのに役立つ。また、適正在庫量を維持するためにも必要である。
　棚卸資産の受け払いを管理することによって過剰な仕入れを防止することは可能となるが、売上原価を抑えることにはならない。

解答9－c
　商品有高帳は商品ごとに受け入れと払い出しを記録する補助簿である。問題では「数量の算定方法」を聞いているので継続記録法が正解となる。なお、継続記録法で数量を把握している場合は、帳簿数量と実地数量とを比較することによって棚卸減耗を知ることができる。
　棚卸資産の受け入れと払い出しの記録を行わずに、期末に実地棚卸を行って期末数量を把握し、期首数量と当期仕入分との合計額との差額で払出し数量を求める方法を棚卸計算法という。

解答10－c
a　個別法
b　平均原価法
c　先入先出法
d　最終仕入原価法
　問題文のほかにも売価還元法という算定方法がある。
　売価還元法とは異なる品目の資産を値入率の類似性に従って適当なグループにまとめ、一グループに属する期末棚卸品の売価合計額に原価率を適用して期末棚卸品の価額を算定する方法である。

解答11－b
　先入先出法では、最も古く取得されたものから順次払い出されたとみなして払出単価が計算される。したがって、売上原価は古く取得した単価が対応し、期末時点の新しい単価とは乖離することになる。

解答12－d
　在庫を過剰に持っている場合、保管料や管理費等の在庫関連の費用が増加す

ることになる。また、在庫は資金から転化されたものであり、在庫自体は資金の拘束化につながり、運転資金を圧迫することになる。さらに、棚卸資産のライフサイクルの短縮化の中で、在庫を抱えることは陳腐化リスクを抱えることになる。なお、過剰在庫は出庫される量に対して在庫量が増えていくことを意味するので在庫回転率は悪化する。

解答13 － c

在庫回転率は商品の販売が効率的に行われているかどうかを判断する指標で、売上高÷棚卸資産で求める（売上高の変わりに売上原価を用いることもある）。在庫回転率が高いほど入庫から出庫までの期間が短く商品がよく売れていることを意味する。在庫回転率は棚卸資産回転率ということもある。

解答14 － c

在庫回転率は必要に応じて計算をするが、適正在庫数量の基準の設定を行う指標となるため、基準を設定するときにはあらかじめ算定しておく。商品ごとに需要を把握することによって欠品を起こさず、かつ過剰在庫に陥らない適正在庫数量の基準を設定することが可能となる。基準値を上回る過剰在庫が生じた場合は、その解消をどのように進めるか対策を検討する必要が生じる。

解答15 － d

受け払いの記録を誤るのは、受け払い管理に関するリスクである。この場合、担当者は物品払出請求書等の受払証憑と受払帳票等を突合し確認するべきである。

固定資産管理

解答1 － c

減価償却資産のうち、取得価額10万円未満又は使用可能期間1年未満のものは、事業の用に供した年度で損金処理することができる。なお、10万円未満の判定は通常取引される単位ごとに行う。

解答2 － b

取得価額が10万円以上20万円未満の償却資産については、事業年度ごとに一括して3年間で償却できる取扱いが設けられている。通常の減価償却とは、以下の点で相違する。
①耐用年数が何年であってもすべて3年で償却する。

②初年度も月割額ではなく年額を計上できる。
③3年以内に除却しても除却処理は行わない。

解答3－d

購入した固定資産の取得原価は、購入代価に付随費用を加算して決定する。付随費用には次のものがある。
①企業内部で発生：据付費、試運転費等
②企業外部で発生：引取運賃、買入手数料、関税等

解答4－d

「固定資産の取得・改良に充てるため（A国や地方公共団体）から補助金等の交付を受け、その補助金等で交付の目的に適合した固定資産等の取得等をしたときは、その取得した固定資産等につき（B圧縮記帳）が認められる。」

圧縮記帳とは、国庫補助金や工事負担金などで固定資産を購入した場合、その取得価額から補助金等の額を控除して処理する方法である。

これは、課税を繰り延べるための処理である。補助金等の受贈益と同額の損金を計上することによって、補助金等を受けた事業年度には課税されない。しかし、同時に固定資産の取得価額は補助金等の額だけ圧縮されるので、そこから計算される減価償却費の総額は圧縮前と比べて補助金等の額だけ小さくなる。その分、利益（所得）が大きくなって課税される仕組みである。補助金等を受けた事業年度にまとめて課税されなかった受贈益が耐用年数にわたって少しずつ課税されていくことになる。

解答5－a

有形固定資産と無形固定資産は減価償却の対象である。

有形固定資産	建物及び附属設備、構築物、機械装置、船舶、航空機、車両運搬具、工具・器具・備品等
無形固定資産	鉱業権、漁業権、ダム使用権、水利権、特許権、実用新案権、意匠権、商標権、のれん、ソフトウェア

なお、稼働が休止している資産、まだ完成していないため事業の用に供されていない建設仮勘定、使用による価値の減少という減価償却の性質に合わない土地は減価償却の対象とはならない。

解答6－b

　平成19年4月1日以降に取得した減価償却資産については、償却可能限度額及び残存価額が廃止され、耐用年数到来時に「残存簿価1円」まで償却する。

　定額法においては、取得原価を耐用年数で割るか定額法償却率を乗じて減価償却費を計算する（定額法償却率＝1÷耐用年数）。

　定額法による減価償却費：1,000万円÷5年＝200万円　または
　　　　　　　　　　　　　1,000万円×0.2＝200万円

解答7－c

　平成19年4月1日以降に取得した減価償却資産については、償却可能限度額及び残存価額が廃止され、耐用年数到来時に「残存簿価1円」まで償却する。

　定率法においては、期首帳簿価額（取得原価－期首減価償却累計額）に償却率を乗じて減価償却費を計算する。なお、定率法による償却率は、平成19年4月1日から平成24年3月31日までに取得した固定資産については「定額法償却率×250％」、平成24年4月1日以後の取得については「定額法償却率×200％」を用いる。

解答8－c

　固定資産台帳は固定資産を種類別に分類した上で、取得日・取得価格、減価償却方法、売却や除却などの履歴を記録する補助簿である。

　固定資産は長期利用することを目的としており、そもそも売却を予定しているものではない。よって、数多く保有している個々の固定資産の売却時価を把握することは適切ではない。

解答9－b

減損会計のプロセス
　減損の兆候の判定
　資産の減損が生じている可能性を示すような兆候がある場合に調査する。
　（a）資産又は資産グループから生じる損益や営業キャッシュフローが継続してマイナス
　（b）資産の遊休や予定外の転用など、回収可能価額を著しく低下させるような変化
　（c）経営環境の著しい変化
　（d）資産又は資産グループの市場価格が著しく低下した場合

解答10 － b

「減損の兆候がある資産グループ等については、減損損失の認識の判定を行うが、判定にあたっては（A **割引前**）将来キャッシュフローと帳簿価額を比較し、（A **割引前**）将来キャッシュフローが（B **下回っている**）場合に、減損損失を認識する。」

減損の兆候があった資産について減損を認識するかどうかを判定する。まだ認識すると決まったわけではないので、この段階で割引計算をする必要はない。帳簿価額を上回るだけのキャッシュが将来入ってくるのかどうかを簡単に計算できればよい。資産価値を上回るキャッシュを生み出さないということになると、いくら減損するべきかを測定することになるが、この時に正確な計算をする必要があるので割引計算を行う。

解答11 － d

減損損失が認識された場合は、「帳簿価額－回収可能価額」を減損損失として費用処理する。回収可能価額とは使用価値と正味売却価額のいずれか高い金額である。これは資産が帳簿価額を上回るキャッシュを生み出さないことがわかった時に、使用し続けるのがいいのか売却するのがいいのかという判断を迫ることになる。なお、この場合の使用価値は将来キャッシュフローを割引計算した現在価値を用いる。

なお、減損の対象となる資産は有形固定資産だけでなく、無形固定資産や投資その他の資産も対象となる。

解答12 － a

①資本的支出（支出額を資産計上）… 耐用年数の延長や価値の増加
以下のようなものが挙げられる。
（a）建物の避難階段の取付けなど物理的に付加した部分の金額
（b）用途変更のための模様替えなど改造又は改装に直接要した金額
（c）機械の部品を特に品質や性能の高いものに取り替えた場合の取替費用のうち、通常の取替えに要する費用を超える部分の金額

②収益的支出（支出額を修繕費計上）… 通常の維持管理費用、災害の原状回復費用
以下のようなものがあげられる。
（a）建物の移築に要した金額
（b）機械装置の移設に要した金額
（c）地盤沈下した土地を沈下前の状態に回復するための地盛りに要した金額

(d) 支出額が20万円未満
(e) おおむね3年以内の周期で修理や改良が行われているとき

解答13－b

オペレーティング・リース取引とはファイナンス・リース取引以外のリース取引である。契約通り資産を借りていると捉えて、通常の賃貸借処理に準じて会計処理を行い損益計算書に費用計上する。

解答14－d

「ファイナンス・リース取引とはリース期間の（**A中途**）において当該契約を解除することができないリース取引である。また、借手がリース物件からもたらされる経済的利益を実質的に享受することができ、かつ、リース物件の使用に伴って生じる（**Bコスト**）を実質的に負担することとなるリース取引のことをいう。」

リース契約を中途で解除することができず、リース物件から生じるメリットもデメリットも借手側の責任ということは、契約はリースだが実質的には所有しているのと変わりがない。財務諸表で報告するのは企業の経済的事実であるので、ファイナンス・リース取引の会計処理は売買処理を行う。リース物件を資産計上すると同時に、リース資産と同額のリース債務を負債計上する。

解答15－d

固定資産税は、毎年1月1日に、土地、家屋、償却資産を所有している者が、その固定資産の価格をもとに算定された税額を、その固定資産がある市町村に納めることになる。

固定資産税の税額は、課税標準額に税率を乗じて算出する。課税標準額は、固定資産を評価して決定した評価額をもとに算出する。

土地、家屋、償却資産のそれぞれの課税標準額の合計額が次の金額に満たない場合は、固定資産税は課税されない。

対象資産	免税点
土地	30万円未満
家屋	20万円未満
償却資産	150万円未満

解答16 － c

　固定資産税でいう償却資産とは、土地・家屋以外の事業の用に供する資産で、その減価償却額又は減価償却費が法人税法又は所得税法の規定による所得の計算上損金又は必要経費に算入されるものである。ただし、鉱業権、漁業権、特許権その他無形減価償却資産（ a ）及び自動車税、軽自動車税の課税対象（ b ）は除かれる。また、取得価額10万円未満又は耐用年数１年未満の償却資産で、その資産の取得に要した経費の全部が税務計算上一時に損金又は必要経費に算入されるもの（ c ）及び取得価額が20万円未満で一括償却の対象とされるもの（ d ）は除かれる。

解答17 － d

　現物確認を誤るリスクは、現物管理に関するリスクである。この場合、現物実査においては立会人をもうけ、固定資産現物の有無、使用状況を固定資産台帳と突合し確認する。

解答18 － c

　a は減価償却費の計上が漏れるリスクに対するコントロールである。b は償却対象資産の償却方法を誤るリスクに対するコントロールである。d は固定資産の取得・減少時に、固定資産台帳への記載を誤るリスクに対するコントロールである。

■ ソフトウェア管理

解答１ － b

　ソフトウェアの会計処理は制作目的によって判定を行う。受注制作目的、市場販売目的、自社利用目的に分類する。なお、ソフトウェアを制作するにあたり、従来にはない全く新しいものを開発するような場合の調査、探究、実験などにかかったコストは研究開発費として発生時に費用処理を行う。

解答２ － d

　受注制作のソフトウェアの制作費は請負工事の会計処理に準じて処理を行う。よって、完成するまでのコストは仕掛品として資産計上し、完成して顧客へ引渡した時に売上原価とする。

　なお、請負工事の会計処理は工事進行基準か工事完成基準で行うが、制作の進捗部分について成果が確実になることがわかっている場合には工事進行基準で処理を行い、わからない場合は工事完成基準で行う。選択できるわけではな

い。

解答3－a

「市場販売目的で製品マスター（複写可能な完成品）を完成させるまでに要した金額は（A**研究開発費**）として処理するが、最初に製品化された製品マスターのバージョンアップ（機能の改良・強化）に要した金額は、（B**無形固定資産**）として計上する。」

製品マスターの完成時までは、バグ取り期間も含めて、研究開発費として費用処理を行う。完成後にかかるコストは、研究開発費に該当しない限り無形固定資産に計上する。既存の製品を著しく改良するためのコストは研究開発費に該当する可能性はあるが、従来製品の機能の改良や強化といったバージョンアップに要した金額は無形固定資産である。

解答4－d

市場販売目的で無形固定資産に計上したソフトウェアは将来の見込販売数量または見込販売収益に基づいて減価償却を行う。ソフトウェアはコンピュータプログラムなので物理的劣化をするわけではない。そこで、使用による価値の減少で償却するのではなく、将来の収益性で償却を行う。

なお、無期限に償却期間を長期化することを防ぐために、残存有効期間（原則として3年）に基づく均等配分額を下回ってはならないこととされている。

解答5－c

「自社利用のソフトウェアの資産計上の検討に際しては、そのソフトウェアの利用により将来の収益獲得又は（A**費用削減**）が（B**確実である**）ことが認められるという要件が満たされているか否かを判断する必要がある。」

自社利用のソフトウェアが将来の収益獲得又は費用削減が確実と認められる場合には無形固定資産に計上する。確実であると認められない場合又は確実であるかどうか不明の場合には、費用処理する。

解答6－b

ソフトウェアを利用することによって将来の収益獲得またはコスト削減が期待されるので、利用可能期間による定額法で償却を行うのが理論的である。しかし、市場販売目的のソフトウェアの場合は販売してどれぐらいの収益を上げていくのかが予測しやすいのに対して、自社利用の場合の将来の収益性との対応関係を把握するのが難しい。よって、自社利用目的で無形固定資産に計上し

たソフトウェアは定額法（原則5年）で償却を行うのが合理的である。

解答7－b
市場販売目的計上したソフトウェアは、新しいバージョンの製品の発売に伴って古いバージョンの製品の発売を中止する場合は除却する。「開発」ではなくて「発売」によって除却を判定する。

なお、ソフトウェアの除却は、有形固定資産のような明らかに除却が確認できるものとは異なり、除却が明確であるという社内稟議書のような合理的な資料が必要となる。

解答8－a
「ソフトウェアの耐用年数は研究開発用のものが（A 3年）、複写して販売するための原本が（B 3年）、その他のものが5年である。」

会計上は研究開発に伴うものは費用処理を行うが、税法上は3年間の定額法で処理を行う。「その他のもの」とは、研究開発用のものと複写して販売するための原本以外で自社利用目的のソフトウェアのことで5年間の定額法で処理を行う。

解答9－d
ソフトウェアの台帳管理の記入を誤るリスクは、台帳管理に関するリスクである。この場合、ソフトウェアの新規取得、除却等に関する証憑書類と管理台帳を突合し、記入の内容を確認する。

第2章
決算分野

問題

月次業績管理

問題1 月次決算に関する項目で最も適切でないものはどれか。
a 月次決算は、株主、会社債権者のために実施される。
b 月次決算については、特に法律の定めはない。
c 月次決算は、本決算実施の準備としての位置付けにある。
d 月次決算は、会社の経営管理の目的で実施する。

問題2 試算表で検証することができる誤りに関する記述で適切なものはどれか。

A 二重転記
B 記帳漏れ

a A
b B
c A、B両方とも適切である。
d A、B両方とも適切でない。

問題3 為替の変動に関する解説で（ ）内に入る語句の組み合わせとして最も適切なものはどれか。

「円高は輸出を行っている場合に円換算した売上代金が（ A ）することになるため不利に働き、輸入を行っている場合には仕入代金の支払いが（ B ）するので有利に働く。」

a A 増加　B 増加
b A 増加　B 減少
c A 減少　B 増加
d A 減少　B 減少

問題4 月次決算のポイントに関する以下の事項で適切なものはいくつあるか。

I 正確性と迅速性

Ⅱ 予算と実績の比較分析
Ⅲ 前年実績等との比較
Ⅳ 資金繰り

a 1つ
b 2つ
c 3つ
d 4つ

問題5 予算対比資料作成の留意点に関する記述で適切でないものはどれか。

a 月次ベース及び累計ベースの予算実績比較データを作成し、各部門に増減分析を依頼する。
b 月別計画は、年度予算又は半年予算を月単位に展開し、迅速性の観点から単純に年割、半年割の金額を用いる。
c 各部門で増減分析の結果、目標達成への問題等が生じた場合には、対応策も併せて検討し、業績報告において経営者の承認を得られるようにする。
d 各部門からの情報をもとに全体としてポイントを絞った増減分析資料を作成する。

問題6 月次業績報告会に関する解説で（ ）内に入る語句の組み合わせとして最も適切なものはどれか。

「月次業績報告会では、（ A ）の責任者が（ B ）に対して問題点及び対策などを説明し、業績向上のための改善策等を承認するなどを検討する。」

a A それぞれの部門　B 経営者
b A それぞれの部門　B 全社員
c A 経理・財務部門　B 経営者
d A 経理・財務部門　B 全社員

問題7 予算見直しの留意点に関する記述で最も適切でないものはどれか。

a 市場の変化等も見直しの際に考慮すべきである。
b 月次決算での問題点の解消施策や経営状況の改善施策を織り込んだ修正計画案を策定する。
c 予算全般の見直しは、修正項目を絞って実施すべきである。
d 年度予算の見直しは、月次決算ごとに実施すべきである。

問題8　予算見直しに関するリスクに対するコントロールについての解説で（　）内に入る語句の組み合わせとして最も適切なものはどれか。

「担当者はマネジメントによる見直し予算案や関係部門の見直し予算案の（　A　）を十分に検証し、（　B　）の確認を行う。」

a　A　期間配分　　B　実現性
b　A　期間配分　　B　客観性
c　A　策定根拠　　B　実現性
d　A　策定根拠　　B　客観性

単体決算業務

問題1　決算日程を決定することに関して考慮すべき内容に関する記述で適切なものはどれか。
a　株主総会の開会日
b　家賃の支払日
c　給料の締め日及び支払日
d　売掛金の回収期間

問題2　決算方針の検討が必要な項目で適切でないものはどれか。
a　貸倒引当金の設定
b　減価償却の方法
c　棚卸資産の評価
d　利息支払いの処理

問題3　次の引当金の解説で（　）内に入る語句の組み合わせとして最も適切なものはどれか。

「将来の（　A　）または負債の増加に備えて、その合理的な見積額のうち（　B　）額を費用または損失として計上するために設定される（　C　）科目をいう。」

a　A　資産の減少　　B　当期の負担に属する　　C　貸方
b　A　資産の増加　　B　翌期の負担に属する　　C　借方
c　A　資産の増加　　B　翌期に見込まれる　　　C　借方
d　A　資産の減少　　B　翌期に見込まれる　　　C　貸方

問題４　税法上の引当金に関する組み合わせのうち正しいものはどれか。

Ⅰ　貸倒引当金
Ⅱ　製品保証引当金
Ⅲ　返品調整引当金
Ⅳ　修繕引当金

a　ⅠとⅡ
b　ⅠとⅢ
c　ⅡとⅢ
d　ⅡとⅣ

問題５　経過勘定項目（A）とその説明（B）に関する組み合わせのうち正しいものはどれか。

Ⅰ　A　前払費用　　B　既に給付の完了を確認しているが、請求書未着等により支払処理が確定しないもの。
Ⅱ　A　前受収益　　B　既に入金したが、当期収益としないもの。
Ⅲ　A　未収収益　　B　既に収益が確定しているが、請求処理等ができないもの。
Ⅳ　A　未払費用　　B　既に支出済みだが、翌期の費用に相当するもの。

a　Ⅰ
b　ⅠとⅡ
c　ⅡとⅢ
d　Ⅳ

問題６　未収収益と未払費用は、それぞれ貸借対照表のどこに計上されるか。
a　どちらも資産の部
b　どちらも負債の部
c　未収収益は資産の部、未払費用は負債の部
d　未収収益は負債の部、未払費用は資産の部

問題７　前受収益と前払費用は、それぞれ貸借対照表のどこに計上されるか。
a　どちらも資産の部
b　どちらも負債の部
c　前受収益は資産の部、前払費用は負債の部

d　前受収益は負債の部、前払費用は資産の部

問題8　退職給付における次の文章の（　）内に入る語句の組み合わせとして、最も適切なものはどれか。

「（ A ）とは、退職時に見込まれる退職給付の総額のうち、当期の負担に属する額の現在価値をいう。（ B ）を採用している場合には、退職給付に充てるために積み立てられている資産の額（年金資産）を控除した額が（ C ）計上額となる。」

a　A　退職給付引当金　　B　企業年金制度　　C　勤務費用
b　A　退職給付引当金　　B　国民年金制度　　C　退職給付費用
c　A　退職給付債務　　　B　企業年金制度　　C　退職給付引当金
d　A　退職給付債務　　　B　国民年金制度　　C　数理計算上の差異

問題9　株主総会に関する解説で（　）内に入る語句の組み合わせとして最も適切なものはどれか。

「会社は、少なくとも毎年1回は、一定の時期に株主総会を開催する必要があり、この株主総会を（ A ）という。通常、代表取締役が株主に対して、計算書類等を提出したうえで、事業報告について内容を（ B ）し、貸借対照表、損益計算書、株主資本変動計算書、注記表について総会の（ C ）を受ける。」

a　A　臨時株主総会　　　B　報告　　C　承認
b　A　通常株主総会　　　B　吟味　　C　審査
c　A　定時株主総会　　　B　報告　　C　承認
d　A　定時株主総会　　　B　吟味　　C　報告

問題10　決算公告に関する解説で（　）内に入る語句の組み合わせとして最も適切なものはどれか。

「会社の代表取締役は、株主総会で承認された後、（ A ）貸借対照表（大会社は貸借対照表及び損益計算書）かその要旨を定款に定められた方法により、新聞や官報又は電子公告する。ただし、（ B ）は、公告は不要となる。」

a　A　一定期間内に　　　B　有価証券報告書提出会社
b　A　1ヵ月以内に　　　B　取締役会設置会社
c　A　一定期間内に　　　B　委員会設置会社

d　A　遅滞なく　　　　　　　B　有価証券報告書提出会社

問題11 委員会設置会社に関する解説で（　）内に入る語句の組み合わせとして最も適切なものはどれか。

「委員会設置会社では、取締役会の中に（　A　）委員会・監査委員会・報酬委員会という3つの委員会と業務を執行する執行役が置かれ、（　B　）を置くことができない。」

a　A　選任　　　　　B　会計監査人
b　A　指名　　　　　B　監査役
c　A　指名　　　　　B　会計監査人
d　A　選任　　　　　B　監査役

問題12 会計監査人に関する解説で（　）内に入る語句の組み合わせとして最も適切なものはどれか。

「大会社の決算手続きにおいて、（　A　）に定める貸借対照表、損益計算書、株主資本等変動計算書、注記表、これらの附属明細書について、監査役監査のほかに監査するものをいう。（　B　）がこれにあたる。」

a　A　金融商品取引法　　　B　税理士
b　A　金融商品取引法　　　B　監査法人・公認会計士
c　A　会社法　　　　　　　B　監査法人・公認会計士
d　A　会社法　　　　　　　B　会計参与

問題13 会社法の規定に関する項目で適切でないものはどれか。
a　剰余金の配当は、株主総会の決議があれば回数に制限はない。
b　純資産の額が300万円未満の場合には、配当は実施できない。
c　取締役会では、剰余金の配当に関する決議はできない。
d　配当については、金銭のみならず現物によることも可能である。

問題14 会社法上の役員に関する項目で該当しないものはどれか。
a　取締役
b　会計参与
c　監査役
d　執行役

問題15 株式会社において設置が義務付けられている絶対的必要機関に関する組み合わせのうち正しいものはどれか。

Ⅰ 株主総会
Ⅱ 取締役会
Ⅲ 取締役
Ⅳ 監査役

a ⅠとⅡ
b ⅠとⅢ
c ⅡとⅢ
d ⅡとⅣ

問題16 会社法上の機関構成で適切でないものはどれか。
a 取締役会設置会社かつ監査役設置会社
b 委員会設置会社かつ監査役設置会社
c 会計監査人設置会社かつ委員会設置会社
d 取締役会設置会社かつ会計監査人設置会社

問題17 委員会設置会社の機関構成で適切でないものはどれか。
a 原則として取締役と執行役は兼任できる。
b 執行役と監査委員は兼任できない。
c 委員会設置会社では、代表取締役は存在しない。
d 執行役の任期は原則として2年である。

問題18 単体決算における決算手続きのリスクに関する記述で適切でないものはどれか。
a 棚卸結果に基づき算出した在庫金額を誤り、売上原価の算定を誤る。
b 会計処理、開示等に関する会計基準・法令・諸規則の新規公表・変更が決算に反映されない。
c 経過計算を誤り、期間配分を誤る。
d 仮勘定の内容確認を誤り、整理科目を誤る。

連結決算業務

問題1 連結決算日に関する解説で（ ）内に入る語句の組み合わせとして最も適切なものはどれか。

「連結財務諸表は、（ A ）の決算日を連結決算日として作成する。なお、子会社の決算日が連結決算日と異なる場合には、子会社は、連結決算日において、正規の決算に準ずる合理的な手続きに従って、新たな決算を行わなければならない。ただし、連結決算日と子会社との決算日との差異が（ B ）以内の場合は、新たに決算を行わないで連結することが認められる。」

a　A　親会社　　　　B　3ヵ月
b　A　親会社　　　　B　5ヵ月
c　A　関係会社　　　B　1ヵ月
d　A　関係会社　　　B　3ヵ月

問題2 子会社の範囲に関する解説で（ ）内に入る語句の組み合わせとして最も適切なものはどれか。

「子会社に含めるかどうかは単に議決権の（ A ）を所有しているかどうかで判断するのではなく、実質的に支配しているかどうかで判断を行う。（ B ）の議決権を所有している会社で（ C ）を派遣し、（ C ）会構成員の過半数を占めている場合や、営業上の重要な契約や資金援助を通して実質的に他の会社を支配している場合には、連結対象子会社となる。」

a　A　過半数　　　B　30％以上　　C　監査役
b　A　50％以上　　B　30％以上　　C　監査役
c　A　50％以上　　B　40％以上　　C　取締役
d　A　過半数　　　B　40％以上　　C　取締役

問題3 連結の範囲に関する記述のうち適切でないものはどれか。

a　親会社は、原則としてすべての子会社を連結の範囲に含めなければならない。
b　子会社であっても、支配が一時的であると認められる会社は連結の範囲に含めない。
c　子会社であっても、連結することにより利害関係者の判断を著しく誤らせるおそれのある会社は連結の範囲に含めない。

d　子会社であって、その資産、売上高等の規模につき重要性が乏しい場合は、連結の範囲に含めない。

問題4　連結決算業務に関する解説で（　）内に入る語句の組み合わせとして最も適切なものはどれか。

「連結財務諸表は、親会社を中心とする企業集団を単一の組織体とみなして作成する。子会社に対しては原則として（　A　）を適用し、関連会社や非連結子会社に対しては（　B　）を適用する。」

a　A　連結法　　　　　B　持分プーリング法
b　A　パーチェス法　　B　持分プーリング法
c　A　パーチェス法　　B　持分法
d　A　連結法　　　　　B　持分法

問題5　持分法適用会社に関する解説で（　）内に入る語句の組み合わせとして最も適切なものはどれか。

「従来の議決権所有割合に加え、（　A　）の議決権を所有している他の会社等であって、役員派遣等により当該他の会社等の財務、営業又は事業の方針の決定に影響を与えることができる場合には、実質的に（　B　）を行使し得ると判定される。」

a　A　15％以上　　　　B　影響力
b　A　5％以上　　　　 B　支配力
c　A　20％以上　　　　B　影響力
d　A　15％以上　　　　B　支配力

問題6　以下の資料のもとで、連結消去仕訳として最も適切な処理はどれか。

（資料）
　P社が42,000で、S社株式70％を取得した。なお、株式取得時のS社の純資産は以下のとおりで、資産負債の簿価と時価は一致していた。
（S社純資産項目）
　資本金：30,000、資本剰余金：18,000、利益剰余金：12,000

a　（借）　S 社 株 式　42,000　　（貸）　資　本　金　30,000
　　　　　少数株主持分　18,000　　　　　　資本剰余金　18,000

		利益剰余金	12,000				
b	（借）	資本金	30,000	（貸）	S社株式	42,000
		資本剰余金	18,000			少数株主持分	18,000
		利益剰余金	12,000				
c	（借）	資本金	18,000	（貸）	少数株主持分	18,000
d	（借）	のれん	18,000	（貸）	少数株主持分	18,000

問題7 下記の資料に基づいた場合、のれんの金額はいくらか。

（資料）

①P社は、S社の発行済議決権株式の70％を120,000千円で取得した。

②S社の貸借対照表は以下のとおりである。

S社　貸借対照表（単位：千円）

諸資産	300,000	諸負債	150,000
		資本金	100,000
		剰余金	50,000
	300,000		300,000

a　15,000

b　20,000

c　30,000

d　90,000

問題8　連結貸借対照表の項目に関する記述のうち適切でないものはどれか。

a　少数株主持分は純資産の部に計上される。

b　のれんは無形固定資産又は固定負債に計上される。

c　保有自己株式は、流動資産に計上される。

d　親会社が子会社の株式を100％保有していれば少数株主持分は生じない。

問題9　連結損益計算書の項目に関する記述のうち適切なものはどれか。

a　持分法による投資損益は、販売費及び一般管理費と営業外収益に計上される。

b　少数株主利益は、当期純利益の直前に計上される。

c　のれんの償却額は、営業外損益に計上される。

d　法人税等調整額は特別損益に計上される。

問題10 連結決算業務における連結決算手続きのリスクに関する記述で適切でないものはどれか。

a 調整前の連結精算表等の検証が行われず、誤った財務諸表が作成される。
b 連結対象会社の範囲を誤る。
c 連結会社に対する資本連結において、投資と資本の消去仕訳及び少数株主持分の計上を誤る。
d 連結会社間における内部取引の消去仕訳、調整仕訳、少数株主持分の計上額を誤る。

問題11 決算手続きについて関係者への伝達が行われず、誤った会計方針が適用されるというリスクに対するコントロールに関する記述で適切なものはどれか。

a 決算発表、連結パッケージ収集日、作業日程等を十分に精査し、スケジュールを策定するとともに、連結対象会社に周知徹底する。
b 各社の個別財務データと連結精算表を突合し、内容を確認する。
c 関係会社の決算実施体制を把握し、決算方針の変更や決算手続きの見直しをサポートする。
d 決算手続きを連結決算業務マニュアル等に反映し、連結対象会社に周知徹底する。

外部開示業務

問題1 決算短信は、どの要請に基づいて作成されているか。

a 金融商品取引法
b 証券取引所
c 法人税法
d 会社法

問題2 連結財務諸表作成会社が決算短信に添付する個別財務諸表のうち、不要なものはどれか。

a キャッシュ・フロー計算書
b 株主資本等変動計算書
c 損益計算書
d 貸借対照表

問題3　上場会社について、証券取引所が指定する適時開示情報のうち「決算に関する情報」ではないものはどれか。
a　四半期決算短信
b　業績予想の修正等
c　合併
d　配当予想の修正等

問題4　財務諸表の開示について適切でないものはどれか。
a　連結財務諸表は、親会社が作成する。
b　金融商品取引法では、四半期連結財務諸表を作成する会社は、四半期個別財務諸表の作成は求められていない。
c　会社法では、四半期財務諸表の作成は求められていない。
d　会社法では、個別計算書類の作成開示のみ要求され、連結計算書類の作成開示は要求されることはない。

問題5　金融商品取引法において、有価証券報告書等の開示書類に関するシステムはどれか。
a　EDINET
b　TDnet
c　EDGAR
d　e-Tax

問題6　会計監査人設置会社において、定時株主総会の招集通知で添付を要求されないものはどれか。
a　事業報告
b　附属明細書
c　計算書類
d　監査報告

問題7　四半期連結財務諸表の開示に含まれないものはどれか。
a　貸借対照表
b　損益計算書
c　キャッシュ・フロー計算書
d　株主資本等変動計算書

問題8 四半期報告書に関する次の記述のうち適切でないものはどれか。
a 四半期報告書を提出した会社は、任意に提出した会社も含み、第2四半期において半期報告書を提出する必要はない。
b 四半期報告書は、各四半期終了後45日以内に提出しなければならない。
c 四半期報告書の提出時に、四半期報告書の記載内容が金融商品取引法に基づき適正であることを記載した確認書を併せて提出する必要がある。
d 四半期報告書に含まれる四半期財務諸表は、公認会計士又は監査法人により、年度監査と同等レベルの監査証明を受ける必要がある。

問題9 米国証券取引委員会（SEC）に登録している日本企業に義務付けられている年次報告書は次のうちどれか。
a Form 20-F
b Form 10-K
c Form 10-Q
d Form 6-K

問題10 外部開示業務における有価証券報告書作成のリスクに関する記述で適切でないものはどれか。
a 財務諸表規則や開示基準の変更等に対応していない不完全な財務諸表が表示される。
b 証券取引所が定めた適時開示規則や様式の変更等、開示制度の改正に対応していない、不完全な財務諸表が表示される。
c 定性資料について、内容に誤りがあるものが作成される。
d 監査対応が遅れ、予定の期日に監査報告書を受領できない。

問題11 会社法で定められている決算取締役会において、取締役会による承認が行われないというリスクに対するコントロールに関する記述はどれか。
a 取締役会規程等に基づき、監査後の会社法決算を取締役会等に付議し、内容説明・質疑応答等を行う。
b 決算取締役会付議の日程を踏まえた監査スケジュールを作成し、予定通りに監査が進むよう、随時進捗管理を実施する。
c 各計算書類について、前期実績・決算見込み等との比較・変動分析を行い、異常仕訳等がないことを確認する。
d 株主総会招集通知ドラフトの財務諸表の数値と会社法計算書類を突合し、

招集通知の内容を確認する。

解答解説

月次業績管理

解答1－a

月次決算はあくまで会社内部の処理であり、企業の経営管理の目的で実施され、特に法律による規制はない。また、本決算を適切に実施するための準備となる。株主や債権者のためには、会社法、金融商品取引法等の法規制に裏付けされた本決算が必要である。

解答2－d

決算に入る前に、仕訳帳から総勘定元帳への転記が正しいかどうかを確認するために試算表を作成する。仕訳は借方と貸方に分ける作業のため、それを転記して集計した試算表の借方合計と貸方合計は必ず一致するはずである。一致しない場合は誤りがあることになる。よって、試算表で発見できる誤りは貸借が一致しないものに限られる。二重転記をした場合も、記帳漏れがあった場合も貸借の金額の差異を生み出す誤りではないので試算表ではみつけることができない。

解答3－d

「円高は輸出を行っている場合に円換算した売上代金が（A**減少**）することになるため不利に働き、輸入を行っている場合には仕入代金の支払いが（B**減少**）するので有利に働く。」

為替は常に変動しているので、月次決算を行うにあたってどのタイミングのレートを使用するかはあらかじめ定めておく必要がある。円高は円の価値が上昇していることを意味する。輸出で外貨を稼いでも円が高いために換算後に獲得できる円は減少することになり、輸出業には不利に働く。輸入の場合は少ない円で多くの外貨を獲得できることになり支払額が減少するので、輸入業には有利に働く。

解答4－d

問題文の項目は、すべて月次決算で考慮すべき内容である。
月次決算のポイントについては以下のような内容があげられる。
①正確性と迅速性：毎月実施するスケジュールと実施内容をマニュアル化する等、作業の標準化・統一化を図る

②予算と実績の比較分析：予算と実績の差異分析をすることにより経営状況の判断が可能となる。会社全体だけではなく部門別、商品別、市場別等の細分化した単位でも実施すべきである。
③前年実績等との比較：対前年実績との比較や時系列比較によって問題点を抽出することが可能となる。
④資金繰り：売掛金の回収予定、借入金の返済予定、買掛金の支払予定等入出金状況を把握する。

解答5－b
月別計画は、年度予算又は半年予算を月単位に展開するが、迅速性のみで判断することはなく、季節変動や販売戦略等を考慮する必要がある。

解答6－a
「月次業績報告会では、（Aそれぞれの部門）の責任者が（B経営者）に対して問題点及び対策などを説明し、業績向上のための改善策等を承認するなどを検討する。」

予算対比資料や過去実績対比資料を経営管理に役立てるためにも、月次業績報告会は定期的に開催する必要がある。資料の多くは経理・財務部門が作成することになるが、問題点や対策などの説明はそれぞれの責任者が経営者に行う。さらに、単なる報告で済ませるのではなく、具体的な改善策等を決めていくことが重要である。年間計画に影響がある場合には見直しを行う。

解答7－d
予算の見直しは、その対象項目、時期など企業により差がある。しかし、月次決算に基づく実績と予算の差異を把握すべきではあるが、それをもって毎月予算の見直しを行うことは事務手続き上も煩雑となり妥当とはいえない。予算見直しは、大きな環境変化が生じ業績変化予想される場合や、四半期、半期といった期間で実施すべきである。

解答8－c
「担当者はマネジメントによる見直し予算案や関係部門の見直し予算案の（A策定根拠）を十分に検証し、（B実現性）の確認を行う。」

担当者はマネジメントによる見直し予算案が実現不可能で、現実的でないものになるのを回避するため、策定根拠を十分検証し実現性を確認する必要があ

第2章●決算分野

る。

単体決算業務

解答1-a
　決算とは金融商品取引法に基づく財務諸表や会社法に基づく計算書類を作成することである。決算日程は取締役会議の日程、監査役への書類提出日、株主総会の開会日などの日程を考慮して決定される。

解答2-d
　支払利息については、前払いと未払い等の経過勘定は決算で考慮する必要があるが、利払いは期中の処理である。

解答3-a
　「将来の（A**資産の減少**）または負債の増加に備えて、その合理的な見積額のうち（B**当期の負担に属する**）額を費用または損失として計上するために設定される（C**貸方**）科目をいう。」
　引当金とは将来の資産の減少または負債に備えると同時に、当期に発生しているものは当期に費用計上することによって収益と対応させて適正な期間損益計算を可能にしている。会計上の引当金計上の用件は次の4つである。
①将来の特定の費用または損失
②発生が当期以前の事象に起因している
③発生可能性が高い
④金額が合理的に見積り可能

解答4-b
　税法では、将来の見積りをベースにした引当経理を無制限に認められておらず、貸倒引当金と返品調整引当金の2項目に限定されている。

解答5-c
　各項目の内容は以下のとおりである。
①前払費用とは、一定の契約に従い、継続して役務の提供を受ける場合、いまだ提供されていない役務に対し支払われた対価である。
②前受収益とは、一定の契約に従い、継続して役務の提供を行う場合、いまだ提供していない役務に対し支払いを受けた対価である。
③未払費用とは、一定の契約に従い、継続して役務の提供を受ける場合、既に

提供された役務に対していまだその対価の支払いが終わらないものである。
④未収収益とは、一定の契約に従い、継続して役務の提供を行う場合、既に提供した役務に対していまだその対価の支払いを受けていないものである。

解答6－c

未収収益は既に提供した役務に対しいまだその対価の支払いを受けていないもの。すなわち、翌期に対価を受け取る権利があるということで資産となる。

未払費用は既に提供された役務に対しいまだその対価の支払いが終わらないもの。すなわち、翌期に対価を支払わなければいけない義務があるということで負債となる。

解答7－d

前受収益はいまだ提供していない役務に対し支払いを受けた対価である。すなわち、翌期に役務を提供しなければいけない義務があるということで負債となる。

前払費用はいまだ提供されていない役務に対し支払われた対価である。すなわち、翌期に役務の提供を受ける権利があるということで資産となる。

解答8－c

「（A退職給付債務）とは、退職時に見込まれる退職給付の総額のうち、当期の負担に属する額の現在価値をいう。（B企業年金制度）を採用している場合には、退職給付に充てるために積み立てられている資産の額（年金資産）を控除した額が（C退職給付引当金）計上額となる。」

退職給付は退職一時金と退職年金とに分かれる。退職年金は企業外部の第三者機関に委託することが多く、そこでは年金資産として積み立てられ、それを運用することによって年金資産が増加することを期待する。

企業は年金資産の運用機関に掛金を支払っていれば、年金資産の運用機関で退職者に退職年金を支払ってくれるので、掛金の支払いをもって退職金の支払いと捉えていればよいはずである。しかし、運用が失敗してしまう等の理由により年金資産が減ってしまった場合は、年金資産で足りない部分については企業に支払い義務が生じる。よって、退職給付引当金として引き当てるのは一時金と年金を合わせた退職給付債務から年金資産を控除した額となる。

解答9－c

「会社は、少なくとも毎年1回は、一定の時期に株主総会を開催する必要が

あり、この株主総会を（A **定時株主総会**）という。通常、代表取締役が株主に対して、計算書類等を提出したうえで、事業報告について内容を（B **報告**）し、貸借対照表、損益計算書、株主資本変動計算書、注記表について総会の（C **承認**）を受ける。」

　計算書類については、定時株主総会の承認を受ける必要があるが、事業報告については、その内容を報告すれば足りる。なお、取締役会を設置している会計監査人設置会社では、株主総会による計算書類の承認につき特則が認められており、計算書類が法令及び定款に従い株式会社の財産及び損益の状況を正しく表示しているものとして一定の要件を満たす場合には定時株主総会の承認は不要とされており、取締役会の承認により計算書類が確定する。この場合、取締役は、計算書類の内容を定時株主総会に報告する必要がある。

解答10 － d
「会社の代表取締役は、株主総会で承認された後、（A **遅滞なく**）貸借対照表（大会社は貸借対照表及び損益計算書）かその要旨を定款に定められた方法により、新聞や官報又は電子公告する。ただし、（B **有価証券報告書提出会社**）は、公告は不要となる。」

　会社法では、株式会社は定時株主総会の実施後、貸借対照表を公告することが求められている。大会社については貸借対照表だけでなく損益計算書も公告する必要がある。なお、有価証券報告書の提出が義務付けられている株式会社については、EDINET等による開示により詳細な情報が開示されているため、会社法に基づく決算公告は義務付けられていない。

解答11 － b
「委員会設置会社では、取締役会の中に（A **指名**）委員会・監査委員会・報酬委員会という3つの委員会と業務を執行する執行役が置かれ、（B **監査役**）を置くことができない。」
≪委員会設置会社の特徴≫　指名・監査・報酬委員会
①取締役会、会計監査人は必ず設置
②監督は取締役、業務執行は執行役
③取締役と執行役の兼任可能　任期は1年以内
④代表取締役、監査役なし　→　代表執行役と監査委員会
⑤各委員会は、3名以上の取締役で構成　過半数は社外取締役
⑥監査委員会では、執行役兼取締役が委員となることは不可

解答12 － c

「大会社の決算手続きにおいて、（A**会社法**）に定める貸借対照表、損益計算書、株主資本等変動計算書、注記表、これらの附属明細書について、監査役監査のほかに監査するものをいう。（B**監査法人・公認会計士**）がこれにあたる。」

会計監査人設置会社では、計算書類等について監査役の監査を受ける必要があり、計算書類及びその附属明細書については会計監査人の監査を受ける必要がある。なお、会社法では、事業報告及びその附属明細書については会計監査人による監査の対象とはされていない。

解答13 － c

会社法では、下記のすべての要件を満たす場合には、取締役会で剰余金の配当が決議できる。
①会計監査人を設置する会社
②取締役の任期を1年とする会社
③委員会設置会社もしくは監査役会設置会社

解答14 － d

会社法上の役員は、取締役、監査役、会計参与の3者である。執行役は、他の3者と同様、登記の対象となるが、法律上は業務の執行担当であり役員という位置付けにはない。

解答15 － b

会社法では、株式会社の機関として株主総会と取締役は必ず設置が必要である。その他の取締役会、監査役、監査役会、会計参与、会計監査人、委員会等は一定のルールのもとに定款に規定することにより任意に設置することができる。なお、公開会社かつ大会社では、取締役会、監査役会及び会計監査人を設置する場合か委員会設置会社を設置する場合に限られている。

解答16 － b

委員会設置会社では、監査委員会が設置され、取締役・執行役の職務執行の監査等を実施するため監査役は設置不要である。

解答17 － d

委員会設置会社では、取締役、執行役ともに任期は最長1年であり、短縮することはできるが伸長することはできない。再任による継続は可能である。

解答18－b

会計基準等の新規公表、変更が決算に反映されないのは、事前準備に関するリスクである。この場合、会計基準・法令・諸規則の新規公表、変更を適時に漏れなく把握し、決算方針を策定するとともに社内に周知徹底する必要がある。

連結決算業務

解答1－a

「連結財務諸表は、（A**親会社**）の決算日を連結決算日として作成する。なお、子会社の決算日が連結決算日と異なる場合には、子会社は、連結決算日において、正規の決算に準ずる合理的な手続きに従って、新たな決算を行わなければならない。ただし、連結決算日と子会社との決算日との差異が（B**3ヵ月**）以内の場合は、新たに決算を行わないで連結することが認められる。」

連結財務諸表は、親会社の事業年度の末日を連結決算日として作成する。なお、親会社と連結子会社の決算日が異なる場合には以下のように対応する。
①連結子会社の決算日を親会社の決算日に一致するように変更する。
②連結決算日において、連結子会社に仮決算を行わせる。
③決算日の異なる連結子会社の決算書をそのまま利用する。ただし、決算日が異なることから生じる連結会社間の取引の重要な差異については、連結決算において修正を行う。

解答2－d

「子会社に含めるかどうかは単に議決権の（A**過半数**）を所有しているかどうかで判断するのではなく、実質的に支配しているかどうかで判断を行う。（B**40％以上**）の議決権を所有している会社で（C**取締役**）を派遣し、（C**取締役**）会構成員の過半数を占めている場合や、営業上の重要な契約や資金援助を通して実質的に他の会社を支配している場合には、連結対象子会社となる。」

子会社の具体的な判断基準は次のように規定されている。
①他の会社の議決権の過半数を実質的に所有している場合。
②他の会社に対する議決権の所有割合が50％以下であっても、高い比率の議決権（40％以上50％以下）を有しており、次のような当該他の会社の意思決定機関を支配している一定の事実が認められる場合。
（a）議決権を行使しない株主が存在することにより、株主総会において議決権の過半数を継続的に占めることができると認められる場合
（b）役員、関連会社などの協力的な株主の存在により、株主総会において議決権の過半数を継続的に占めることができると認められる場合

（c）役員もしくは従業員である者、又は、これらであった者が取締役会の構成員の過半数を継続して占めている場合
（d）重要な財務及び営業の方針決定を支配する契約等が存在する場合

解答3－d
　親会社は、原則として、すべての子会社を連結の範囲に含めなければならない。ただし、次に該当する会社は連結の範囲に含めてはならない。
①財務及び営業又は事業の方針を決定する機関に対する支配が一時的であると認められる子会社
②連結の範囲に含めることにより、連結財務諸表提出会社の利害関係者の判断を著しく誤らせるおそれがあると認められる子会社
　さらに、子会社であって、その資産、売上高、利益、利益剰余金につき重要性が乏しい場合は連結の範囲に含めないことができる。

解答4－d
　「連結財務諸表は、親会社を中心とする企業集団を単一の組織体とみなして作成する。子会社に対しては原則として（A**連結法**）を適用し、関連会社や非連結子会社に対しては（B**持分法**）を適用する。」
　財務諸表提出会社は、支配が一時的であると認められる会社、連結することにより利害関係者の判断を著しく誤らせるおそれのある会社を除き、原則としてすべての子会社を連結の範囲に含めなければならない。連結法とは親会社と子会社の財務諸表を全て合算した上で、少数株主持分を控除することによって連結グループの財務諸表を作成する方法である。
　また、非連結子会社及び関連会社に対する投資については、財務及び営業又は事業の方針の決定に対する影響が一時的であると認められる会社、持分法を適用することにより利害関係者の判断を著しく誤らせるおそれのある会社を除き、原則として持分法を適用しなければならない。持分法とは親会社持分のみを合算することによって連結グループの財務諸表を作成する方法である。

解答5－a
　「従来の議決権所有割合に加え、（A**15％以上**）の議決権を所有している他の会社等であって、役員派遣等により当該他の会社等の財務、営業又は事業の方針の決定に影響を与えることができる場合には、実質的に（B**影響力**）を行使し得ると判定される。」

持分法適用会社の具体的な判断基準は次のように規定されている。
① 子会社以外の他の会社の議決権の20％以上50％以下を所有している場合
② 他の会社に対する議決権の所有割合が20％未満であっても、一定の議決権（15％以上20％未満）を有しており、かつ、当該他の会社の財務及び営業の方針決定に対して、重要な影響を与えることができる一定の事実が認められる場合

解答6－b

本問の処理は、投資と純資産の相殺である。これは、S社の純資産の部を、親会社の投資額（42,000）と相殺するとともに少数株主へ按分する手続きである。

S社純資産

資本金	30,000
資本剰余金	18,000
利益剰余金	12,000

←（30,000＋18,000＋12,000）×30％は、少数株主持分とし計上
←（30,000＋18,000＋12,000）×70％は、P社投資額42,000と相殺

解答7－a

S社純資産

資本金	100,000
剰余金	50,000

←（100,000＋50,000）×70％＝105,000と、P社投資額120,000との差額15,000が「のれん」となる。

解答8－c

自己株式は、純資産の部の株主資本の内訳項目として計上される。連結貸借対照表の簡略化した様式は以下のとおりである。

連結貸借対照表

資産の部		負債の部	
Ⅰ 流 動 資 産	×× ×	Ⅰ 流 動 負 債	×× ×
Ⅱ 固 定 資 産		Ⅱ 固 定 負 債	×× ×
(1) 有形固定資産　×× ×		（負ののれん）	
(2) 無形固定資産　×× ×		負債合計	×× ×
（のれん）		純資産の部	
(3) 投資その他の資産　×× ×		Ⅰ 株 主 資 本	
固 定 資 産 合 計	×× ×	1. 資 本 金	×× ×
Ⅲ 繰 延 資 産	×× ×	2. 資 本 剰 余 金	×× ×
		3. 利 益 剰 余 金	×× ×
		4. 自 己 株 式	△×× ×
		株主資本合計	×× ×
		Ⅱ その他の包括利益累計額	
		1. その他有価証券評価差額金	×× ×
		2. 繰延ヘッジ損益	×× ×
		3. 土地再評価差額金	×× ×
		4. 為替換算調整勘定	×× ×
		その他の包括利益累計額合計	×× ×
		Ⅲ 新 株 予 約 権	×× ×
		Ⅳ 少 数 株 主 持 分	×× ×
		純資産合計	×× ×
資産合計	×× ×	負債・純資産合計	×× ×

解答9－b

a　持分法による投資損益は、営業外収益か営業外費用に計上される。
c　のれんの償却額は、販売費及び一般管理費に計上される。
d　法人税等調整額は法人税等の調整項目である。

連結損益計算書の簡略化した様式は以下のとおりである。

連結損益計算書

Ⅰ	売上高		×××
Ⅱ	売上原価		×××
	売上総利益		×××
Ⅲ	販売費及び一般管理費		×××
	（のれん償却額）		
	営業利益		×××
Ⅳ	営業外収益		×××
	（負ののれん償却額）		
	（持分法による投資利益）		
Ⅴ	営業外費用		×××
	（持分法による投資損失）		
	経常利益		×××
Ⅵ	特別利益		×××
Ⅶ	特別損失		×××
	税金等調整前当期純利益		×××
	法人税、住民税及び事業税	×××	
	法人税等調整額	×××	×××
	少数株主損益		×××
	当期純利益		×××

解答10－b

　連結対象会社の範囲を誤るのは、決算手続き直前の準備段階に関するリスクである。この場合、各社からの報告をもとに株式の異動状況、役員構成、重要な契約等、関係会社に対する影響力を把握して、前期連結範囲に当期の異動を反映させ、当期の連結対象会社を特定する必要がある。

解答11－d

　aは連結決算スケジュールが設定されておらず、不正確・不完全な財務諸表が作成されるリスクに対するコントロールである。bは調整前の連結精算表等の検証が行われず、誤った財務諸表が作成されるリスクに対するコントロールである。cは関係会社が決算報告を誤る、または、報告期日に間に合わないリスクに対するコントロールである。

外部開示業務

解答1 – b

決算短信は、法律ではなく証券取引所の要請に基づいて作成されている。

決算短信は証券取引所において決算発表に際して開示される情報である。年度決算については決算短信、四半期決算については四半期財務・業績の概況が作成される。

解答2 – a

連結財務諸表作成会社は、連結ベースの貸借対照表、損益計算書、株主資本等変動計算書、キャッシュ・フロー計算書の4点の添付が要求されているが、個別ベースでは貸借対照表、損益計算書、株主資本等変動計算書の3点が要求されており、キャッシュ・フロー計算書は要求されていない。

解答3 – c

会社法や金融商品取引法による制度開示とは別に、タイムリーなディスクロージャーを一層充実させるため、証券取引所は適時開示規則を定め上場会社等に次のような情報の開示を義務付けている。

決定事実に関する情報：資本金の額の減少、自己株式の取得、剰余金の配当、合併等

発生事実に関する情報：災害に起因する損害又は業務遂行の過程で生じた損害、主要株主又は主要株主である筆頭株主の異動、上場廃止の原因となる事実等

決算に関する情報：決算短信、四半期決算短信、業績予想の修正等、配当予想の修正等

解答4 – d

会社法では、大会社であって有価証券報告書の提出が義務付けられている会社については、連結計算書類を作成することが求められている。また、会計監査人設置会社では、任意に連結計算書類を作成することができる。

解答5 – a

金融商品取引法では、現在電子開示システムによる開示が原則義務化されている。この電子開示システムは、EDINET（Electronic Disclosure for Investors' NETwork）といい、金融商品取引法上は「開示用電子情報処理組織」

と定義されている。

また、有価証券報告書提出会社は、決算日から3ヵ月以内に、EDINETを通じて提出することが義務付けられている。

解答6－b

会計監査人設置会社において、定時株主総会の招集通知には、事業報告、計算書類、会計監査報告、監査報告の添付が要求され、附属明細書は要求されていない。

取締役会設置会社における招集通知の添付資料は下記のとおりである。

	取締役会設置会社		
	会計監査人設置会社	会計監査人非設置会社	
		監査役設置会社	監査役非設置会社
計算書類	必要	必要	必要
計算書類に係る会計監査報告	必要	—	—
計算書類に係る監査報告	必要	必要	—
事業報告	必要	必要	必要
事業報告に係る監査報告	必要	必要	—
連結計算書類	必要	—	—
連結計算書類に係る会計監査報告	任意	—	—
連結計算書類に係る監査報告	任意	—	—

解答7－d

株主資本等変動計算書は、四半期連結財務諸表の開示の範囲に含まれない。なお、株主資本の金額に著しい変動があった場合には注記が要求されている。

四半期連結財務諸表の開示に関する範囲

	四半期連結財務諸表	
	当期	前期
貸借対照表	当四半期連結会計期間末日現在	前連結会計年度末日現在
損益計算書	当四半期連結会計期間（3ヵ月情報） 当四半期連結累計期間	前年同四半期連結累計期間 前年同四半期連結会計期間（3ヵ月情報）
キャッシュフロー計算書	当四半期連結累計期間	前年同四半期連結累計期間
株主資本等変動計算書	不要（著しい変動があった場合には注記）	不要（著しい変動があった場合には注記）

解答8－d

　四半期報告書に含まれる四半期財務諸表は、公認会計士又は監査法人の監査証明を受けなければならないが、監査手続きに制限があることから、四半期レビューが実施され、その保証水準は年度監査に比べると低いものとなっている。

解答9－a

　米国から見た外国企業の年次報告書はForm 20-Fである。またForm 6-Kは臨時報告書の様式である。

　なお、Form 10-Kは米国企業の年次報告書の様式であり、Form 10-Qは四半期報告書の様式である。

解答10－b

　証券取引所が定めた適時開示規則等に対応せず、不完全な財務諸表が表示されてしまうのは、決算短信提出に関するリスクである。この場合、適時開示規則の変更等について定期的にモニタリングし、変更があった場合は対応方針を策定する必要がある。

解答11－a

　bは会計監査人及び監査役への監査対応が遅れ、予定の期日に監査報告書を受領できないリスクに対するコントロールである。cは会社法計算書類について、試算表からの組替を誤り、不正確な計算書類が作成されるリスクに対する

コントロールである。dは計算書類の数値に誤りのある不正確な招集通知が作成されるリスクに対するコントロールである。

第3章 税務分野

問題

税効果計算業務

問題1 次の税効果会計に関する解説で（　）内に入る語句の組み合わせとして最も適切なものはどれか。

「企業会計における収益又は費用と、課税所得計算上の益金又は損金の（　A　）時期の相違等により、企業会計上の資産又は負債の額と課税所得計算上の資産又は負債の額に相違がある場合において、法人税その他利益に関連する金額を課税標準とする税金の額を適切に（　B　）することにより、法人税等を控除する前の（　C　）と法人税等を合理的に対応させることを目的とする会計手続きをいう。」

a	A　認識	B　対応計算		C　経常利益	
b	A　計上	B　期間配分		C　経常利益	
c	A　認識	B　期間配分		C　当期純利益	
d	A　計上	B　対応計算		C　当期純利益	

問題2 将来減算一時差異に該当する申告調整項目について<u>適切でない</u>ものはどれか。

a　貸倒引当金の繰入超過額
b　剰余金処分による租税特別措置法上の準備金
c　減価償却費の限度超過額
d　棚卸資産の評価損

問題3 税効果会計の対象とならない申告調整項目に関する次の組み合わせのうち、最も適切なものはどれか。

Ⅰ　交際費超過額
Ⅱ　評価損否認額
Ⅲ　寄附金超過額
Ⅳ　未払事業税

a　ⅠとⅡ
b　ⅠとⅢ
c　ⅡとⅢ

d　ⅢとⅣ

問題4　次の繰延税金資産に関する解説で（　）内に入る語句の組み合わせとして最も適切なものはどれか。

「会計上は、今期に払わなくてもよい税金についての（　A　）額を資産として計上したもの。会計上の費用（又は収益）と税法上の損金（又は益金）の認識時期の違いによる（　B　）を税効果会計によって調整することで生じる。」

a　A　前払い　　　B　一時差異
b　A　前払い　　　B　永久差異
c　A　後払い　　　B　一時差異
d　A　後払い　　　B　永久差異

問題5　次の欠損金に関する解説で（　）内に入る語句の組み合わせとして最も適切なものはどれか。

「欠損金とは、各事業年度の損金の額が益金の額を超える場合にその（　A　）部分の金額をいう。また、繰越欠損金とは、欠損金を翌期以降（　B　）間に発生する課税所得から控除するために繰り越したものである。」

a　A　超えない　　B　3年
b　A　超える　　　B　3年
c　A　超える　　　B　9年
d　A　超えない　　B　9年

問題6　引当金の繰入限度超過額の計上による一時差異に関する次の組み合わせのうち、最も適切なものはどれか。

Ⅰ　損益計算書に計上された法人税等の額が減額される。
Ⅱ　貸借対照表に、繰延税金資産が計上される。
Ⅲ　実際の支払税額が、減額される。
Ⅳ　貸借対照表に、繰延税金負債が計上される。

a　ⅠとⅡ
b　ⅠとⅢ
c　ⅡとⅢ
d　ⅢとⅣ

問題7　次の貸借対照表の表示に関する解説で（　）内に入る語句の組み合わせとして最も適切なものはどれか。

　「繰延税金資産・負債は、それぞれ一時差異の発生する原因となった資産・負債の流動・固定の分類に基づいて分類され、特に繰延税金資産は、流動資産又は（ A ）に表示される。また、流動・固定に計上されたそれぞれの繰延税金資産・負債は、（ B ）表示される。」

a　A　有形固定資産　　　　B　相殺して
b　A　無形固定資産　　　　B　総額で
c　A　投資その他の資産　　B　相殺して
d　A　固定資産　　　　　　B　総額で

問題8　「繰延税金資産の計上を誤る」というリスクに対するコントロールに関する記述で適切なものはどれか。

a　あらかじめ直近の財務諸表と、前年度の確定申告書を確認し一時差異に該当する項目を把握する。
b　繰延税金負債の計上額と、将来加算一時差異に実効税率を乗じた金額を突合し、計上額を確認する。
c　あらかじめ前年度の法人税確定申告書を確認し、法人税法上の繰越欠損金残高を事業年度別に管理する。
d　繰延税金資産の計上額と、将来減算一時差異に実効税率を乗じた金額を突合し、計上額を確認する。

消費税申告業務

問題1　課税対象取引について適切でないものはどれか。
a　本屋における雑誌の販売
b　メーカーによるステレオの輸入販売
c　法人による株式の売却の手数料
d　法人から使用人への乗用車の贈与

問題2　課税対象取引について適切なものはどれか。
a　内国法人による資産の譲渡又は貸付、役務の提供であること。
b　資産の譲渡等が反復・継続的に行われていること。
c　有償・無償を含め、対価を得て行われていること。
d　資産の譲渡には、商品の販売等のほか、設備等の有形固定資産の売却も含

められるが、無形固定資産の売却は含まれない。

問題3　非課税取引について適切でないものはどれか。
a　住宅の譲渡
b　住宅の貸付
c　土地の譲渡
d　土地の貸付

問題4　次の取引のうち課税対象外（不課税取引）に該当するものはどれか。
A　給与
B　保険料
C　寄附金

a　Aのみ
b　A及びC
c　Cのみ
d　A、B、Cのすべて

問題5　基準期間に関する次の説明のうち適切でないものはどれか。
a　1年決算法人の場合、基準期間は前々事業年度を指す。
b　基準期間が1年に満たない場合、基準期間における課税売上高は、月割計算して1年間相当に換算した金額を用いる。
c　設立1期目は基準期間が存在しない。
d　設立2期目は設立1期目が基準期間となる。

問題6　次の課税売上割合の計算について適切でないものはどれか。
a　課税売上高は分子・分母の両方に含まれる。
b　課税売上高は税抜きで計算を行う
c　輸出免税売上高は分子・分母の両方に含まれる。
d　非課税売上高は分子・分母の両方に含まれる。

問題7　仕入税額控除について適切なものはどれか。
a　課税売上割合が95％以上、かつ資本金が5億円以上の事業者の場合には、課税仕入れに係る消費税額の全額を控除することができる。
b　課税売上割合が95％未満の事業者は、個別対応方式又は一括比例配分方式

のいずれかによって計算した仕入控除税額を控除する。
c 課税売上高が5億円以下もしくは課税売上割合が95％未満の事業者は、課税仕入れに係る消費税額の全額を控除することができる。
d 課税売上高が5億円以下の事業者で、かつ、課税売上割合が95％以上の事業者は個別対応方式又は一括比例配分方式のいずれかによって計算した仕入控除税額を控除する。

問題8　簡易課税制度を適用した場合のみなし仕入率と事業に関する次の組み合わせのうち、最も適切なものはどれか。

	みなし仕入率		事業
Ⅰ	90％	Ⅴ	飲食業
Ⅱ	80％	Ⅵ	製造業
Ⅲ	70％	Ⅶ	卸売業
Ⅳ	60％	Ⅷ	小売業

a　ⅠとⅧ
b　ⅡとⅤ
c　ⅢとⅥ
d　ⅣとⅦ

問題9　簡易課税制度を選択できる納税者の基準期間の課税売上高の上限について適切なものはどれか。

a　3,000万円
b　5,000万円
c　1億円
d　2億円

問題10　課税期間が1年の3月決算の会社の申告期限について適切なものはどれか。

a　3月31日
b　4月30日
c　5月31日
d　6月30日

問題11　課税事業者が備えるべき帳簿に記載する事項として適切でないものはどれか。
a　資産の譲渡等に関して、資産の譲渡等の相手方の氏名又は名称
b　課税仕入れに関して、課税仕入れを行った年月日
c　保税地域から引き取った課税貨物に関して、課税貨物の取引の額
d　貸倒れに関して、貸倒れにより領収することができなくなった金額

問題12　仕入税額控除を受けるために保存することとなる帳簿の原則的な保存期間について適切なものはどれか。
a　3年間
b　5年間
c　7年間
d　10年間

問題13　課税資産の譲渡等又は課税仕入れにおける本体価額と消費税が対応しないリスクに対するコントロールについて、次の（　）内に入る語句の組み合わせとして最も適切なものはどれか。

「課税売上げの額に占める（　A　）消費税の割合及び課税仕入れの額に占める（　B　）消費税の割合を確認し、あらかじめ定めた基準範囲を逸脱する場合はその理由を確認し、誤りは補正する。」

a　A　仮受　　B　仮払
b　A　未収　　B　未払
c　A　仮払　　B　仮受
d　A　未払　　B　未収

問題14　決算における消費税の処理を税抜経理方式で行った場合、正しい処理はどれか。なお、期中の課税対象取引について仕入額よりも売上額のほうが多かったものとし、中間納付は行っていない。

a　（借）　仮受消費税　××　　（貸）　仮払消費税　××
　　　　　　　　　　　　　　　　　　　未払消費税　××

b　（借）　仮払消費税　××　　（貸）　仮受消費税　××
　　　　　　　　　　　　　　　　　　　未払消費税　××

c　（借）　仮受消費税　××　　（貸）　仮払消費税　××
　　　　　未収消費税　××

d （借）　仮払消費税　××　　　（貸）　仮受消費税　××
　　　　未収消費税　××

問題15　消費税申告業務における消費税納付手続のリスクに関する記述で<u>適切でないもの</u>はどれか。
a　消費税の納付書の記載金額を誤り、納付額に過不足が生じる。
b　支払依頼の金額を誤り、消費税納付が正しく行われない。
c　消費税決済額と異なった消費税決済仕訳が計上される。
d　期中取引について消費税課税区分の判断を誤り、税区分ごとの集計金額を誤る。

法人税申告業務

問題1　次の取引のうち、税法上の交際費となるものはどれか。
a　会社の社屋新築記念における宴会費および記念品
b　年末年始で配布する会社オリジナルカレンダー
c　会社の創立記念のため、従業員におおむね一律に、社内において供与される通常の飲食に要する費用
d　公益財団法人、公益社団法人、地方公共団体に対する拠金

問題2　法人税申告業務における税務業務の日常対応のリスクに関する記述で<u>適切でないもの</u>はどれか。
a　法人税確定申告に必要な証憑書類がそろわない。
b　各種特例措置の適用がなされず、節税を行うことができない。
c　支払依頼の金額を誤り、法人税納付が正しく行われない。
d　税法の解釈を誤り、税額処理を誤る。

問題3　中間申告に関する記述で<u>適切でないもの</u>はどれか。
a　事業年度が6ヵ月を超える法人は、事業年度開始後6ヵ月を経過した日より2ヵ月以内に中間申告書を提出する。
b　予定申告とは、前期の法人税額の半分を、中間分の税額として申告することである。
c　中間申告書には、予定申告書と、仮決算による中間申告書の2つの種類がある。
d　予定申告での法人税納付額が50万円以下であれば、中間申告書を提出する必要はない。

問題4　中間申告の方法のうち、前年度の実績による予定申告の前年度の実績について適切なものはどれか。
a　法人税額
b　所得金額
c　資本金額
d　売上高

問題5　中間申告に関する記述で適切なものはどれか。
a　前事業年度開始の日から6ヵ月間を1事業年度とみなして仮決算を行う。
b　前事業年度の法人税額を基礎として6ヵ月分に換算した額をもって申告額とする。
c　仮決算による中間申告による法人税額が前事業年度の実績による予定申告により納付すべき法人税額以下の場合は仮決算による中間申告はできない。
d　前年度の実績による予定申告により納付すべき法人税額が10万円以下の場合は中間申告が不要である。

問題6　決算調整項目に関する項目で適切でないものはどれか。
a　減価償却
b　引当金繰入
c　役員退職給与
d　受取配当金

問題7　次の申告調整に関する解説で（　）内に入る語句の組み合わせとして最も適切なものはどれか。

「申告調整とは、所得金額を計算するために、法人税法の規定に従って申告書（　A　）において、（　B　）に加減算して調整を行うことをいう。」

a　A　別表一　　B　税引前当期純利益
b　A　別表一　　B　当期純利益
c　A　別表四　　B　税引前当期純利益
d　A　別表四　　B　当期純利益

問題8　必ず申告書に記載を要する申告調整項目に該当しないものはどれか。
a　資産の評価益の益金不算入

b 引当金の繰入限度超過額の損金不算入
c 減価償却の償却限度超過額の損金不算入
d 受取配当等の益金不算入

問題9 以下の条件に基づいた税務上の処理で最も適切な処理はどれか。

「帳簿価格500,000円、時価3,000,000円の土地を1,500,000円で譲渡した。」

a （借）現　　　金　1,500,000　（貸）土　　　地　　500,000
　　　　　　　　　　　　　　　　　　土地売却益　1,000,000
b （借）現　　　金　3,000,000　（貸）土　　　地　　500,000
　　　　　　　　　　　　　　　　　　土地売却益　2,500,000
c （借）現　　　金　1,500,000　（貸）土　　　地　　500,000
　　　　寄　附　金　1,500,000　　　　土地売却益　2,500,000
d （借）現　　　金　3,000,000　（貸）土　　　地　3,000,000

問題10 所得金額の計算を示す申告書について適切なものはどれか。

a 別表一
b 別表二
c 別表三
d 別表四

問題11 還付加算金に関する解説で（　）内に入る語句の組み合わせとして最も適切なものはどれか。

「還付加算金は、還付金が発生した場合に還付金に加算して還付されるもので、一種の（　A　）であり、原則として、対象となる日数に応じて（　B　）の割合を乗じた金額となる。」

a A 延滞金　　　B 固定金利
b A 利子　　　　B 年7.3%
c A 延滞金　　　B 年4%
d A 利子　　　　B 変動金利

問題12 同族会社に関する記述で適切でないものはどれか。
a 同族会社とは、3グループ以下の株主に、50%超の株式をもたれている会社である。

b 株主の内容によって、会社は非同族会社、非同族の同族会社、同族会社に分けられる。
c 同族会社には、使用人兼務役員の制限・留保金課税の2つの特別な取扱いがある。
d 留保金課税は、留保金が一定の限度を超えた部分にかけられる特別な税金である。

問題13 申告期間に関する記述で適切でないものはどれか。

a 確定申告書は、決算期末の翌日から3ヵ月以内に、税務署長に提出しなければならない。
b 仮決算による中間申告とは、期首から6ヵ月の期間の仮決算をして申告することである。
c 1ヵ月の申告期限の延長が認められている会社は、2ヵ月以内に見込納付をしてもいいし、3ヵ月以内に納めてもよい。
d 中間申告は、期首から6ヵ月を過ぎた日から2ヵ月以内に、税務署長に提出しなければならない。

問題14 法人税の申告書を提出する際に必要となる添付書類に関して適切でないものはどれか。

a 貸借対照表
b 損益計算書
c キャッシュフロー計算書
d 勘定科目内訳明細書

問題15 「申告調整項目の把握が漏れ、法人税申告額の算定を誤る」というリスクに対するコントロールに関する記述で適切なものはどれか。

a 財務省や国税庁等から税制改正に関する資料を入手して内容を確認し、申告調整項目等の範囲の変更に伴い、税額算定方法の変更の有無を確認する。
b 税額算定結果を前事業年度の税額算定結果及び見込の税額と比較し、差異が生じている場合はその原因を分析する。
c 税額算定における申告調整対象項目をリスト化し、算定内訳の項目が当該リストと一致し、漏れがないことを確認する。
d 法人税申告手続きにおいて、申告書の記載内容と算定結果を突合し、金額を確認する。

連結納税申告業務

問題1 連結事業年度に関する解説で（ ）内に入る語句の組み合わせとして最も適切なものはどれか。

「連結事業年度とは、（ A ）の事業年度開始の日からその終了の日までの期間をいい、連結納税の適用期間中は、原則として（ B ）ごとに申告・納税を行うことになる。なお、（ A ）と事業年度の異なる連結子法人は、自らの事業年度に関わらず、この（ B ）の期間を1つの事業年度とみなされる。」

a　A　連結親法人　　　B　連結事業年度
b　A　企業集団　　　　B　四半期
c　A　連結子法人　　　B　連結事業年度
d　A　連結親法人　　　B　四半期

問題2 連結親法人に関する解説で（ ）内に入る語句の組み合わせとして最も適切なものはどれか。

「連結納税において、連結親法人になることができるのは、（ A ）である普通法人と協同組合等である。ただし、清算中の法人、他の普通法人又は協同組合等により100％所有されている法人、及び連結納税の取消し・取止めから（ B ）を経過していない法人等は除かれる。」

a　A　社団　　　　B　7年
b　A　内国法人　　B　3年
c　A　内国法人　　B　5年
d　A　外国法人　　B　5年

問題3 連結子法人に関する解説で（ ）内に入る語句の組み合わせとして最も適切なものはどれか。

「原則として、連結子法人になるのは、連結親法人がその発行済株式総数の（ A ）を直接又は間接に保有している（ B ）である普通法人のすべてである。」

a　A　100％　　B　社団
b　A　100％　　B　内国法人
c　A　過半数　　B　内国法人
d　A　過半数　　B　外国法人

82

問題4　連結確定申告・納付方法の概要に関する解説で（　）内に入る語句の組み合わせとして最も適切なものはどれか。

「連結親法人は、連結事業年度終了の日の翌日から（　A　）以内に、連結親法人の所轄税務署長に対し、連結確定申告書を提出し、納付しなければならない。申告期限は、連結親法人の申請により、（　B　）間延長することができる。」

a　A　2ヵ月　　　B　1ヵ月
b　A　1ヵ月　　　B　2ヵ月
c　A　2ヵ月　　　B　2ヵ月
d　A　3ヵ月　　　B　3ヵ月

問題5　連結所得金額及び連結税額に関する解説で（　）内に入る語句の組み合わせとして最も適切なものはどれか。

「連結グループ内の各法人の所得金額・欠損金額を合算した（　A　）を課税標準とし、連結法人税額は、（　A　）に税率を乗じた金額から（　B　）等を行って計算する。」

a　A　連結所得金額　　　B　損金経理
b　A　連結納税額　　　　B　損金経理
c　A　連結所得金額　　　B　税額控除
d　A　連結納税額　　　　B　税額控除

問題6　連結税額計算と地方税に関する解説で（　）内に入る語句の組み合わせとして最も適切なものはどれか。

「法人住民税・法人事業税は（　A　）で申告・納付するが、その課税標準として、連結所得の（　B　）、連結法人税額の（　B　）を使用して計算することになる。」

a　A　各法人が単体　　　B　個別帰属額
b　A　連結法人全体　　　B　総額
c　A　各法人が単体　　　B　総額
d　A　連結法人全体　　　B　個別帰属額

問題7　地方税の課税標準に関する解説で（　）内に入る語句の組み合わせとして最も適切なものはどれか。

「法人住民税・法人事業税の申告は、（　A　）に行うこととされており、課税標準が合算されないため、所得と欠損は相殺されない。したがって、連結納税の所得と欠損の合算による（　B　）は、地方税には及ばないことになる。」

a　A　連結法人全体　　　B　減税効果
b　A　連結法人全体　　　B　増税効果
c　A　法人ごと　　　　　B　減税効果
d　A　法人ごと　　　　　B　増税効果

問題8　連結所得計算に関する次の記述のうち適切なものはどれか。
a　連結法人税全体の連結損益計算書の当期純利益を基礎に税務調整を行う。
b　連結法人として全体計算が必要な受取配当金等の益金不算入額、寄附金・交際費等の損金不算入額及び連結法人間取引の損益等の調整を行う。
c　連結法人税額は、連結親法人が納税義務を負い、連結子法人は納税義務を負うことはない。
d　連結法人税は、連結親法人が計算及び納付を一括して行うため、連結各社が個別に税額の把握をすることはない。

問題9　連結納税申告業務における連結納税納付手続きのリスクに関する記述で適切でないものはどれか。
a　連結確定申告書が正しく作成されない。
b　連結納税額の納付書の記載金額を誤り、納付金額に過不足が生じる。
c　納付期限までに連結納税額の納付が完了しない。
d　連結納税額の決済仕訳を誤る。

問題10　連結納税申告業務における連結納税額算定の準備段階におけるリスクに関する記述で適切でないものはどれか。
a　各連結子法人の申告基礎データの回収の遅れ、または誤りにより、連結税額の算定に遅れまたは誤りが生じる。
b　決算確定または申告期限までに連結税額の算定が完了しない。
c　連結納税額の納付書の記載金額を誤り、納付金額に過不足が生じる。
d　連結納税対象範囲を誤り、連結税額が正しく計算されない。

税務調査対応

問題1 税務調査に関する記述で最も適切でないものはどれか。
a 所内調査
b 実地調査
c 反面調査
d 追跡調査

問題2 税務調査において準備しておくべき書類はいくつあるか。

Ⅰ 登記簿謄本
Ⅱ 総勘定元帳
Ⅲ 請求書
Ⅳ 社内稟議書

a 1つ
b 2つ
c 3つ
d 4つ

問題3 加算税に関する記述で適切でないものはどれか。
a 過少申告加算税
b 無申告加算税
c 延滞税
d 重加算税

問題4 不服申立ての可能な期間に関する組み合わせのうち正しいものはどれか。

Ⅰ A 異議申立て　　B 2ヵ月以内
Ⅱ A 審査請求　　　B 3ヵ月以内
Ⅲ A 取消訴訟　　　B 1ヵ月以内

a Ⅰ
b ⅠとⅡ
c Ⅲ
d ⅠとⅡとⅢ

問題5　更正の請求が<u>できない</u>ケースはどれか。
a　申告書に記載した納付税額が過大であるとき。
b　申告書に記載した欠損金が過少であるとき。
c　申告書に記載した還付金の額が過少であるとき。
d　申告書に記載した納付税額が過少であるとき。

問題6　税務調査対応に関する記述に適切なものはどれか。
a　調査官が事実関係を誤認している場合でも、指摘事項は受け入れる。
b　税務調査の終了後、追徴することになった場合には、直ちに修正申告を行う。
c　更正通知書を受領した場合、税務調査の結果と相違ないことを確認するとともに納税額を確認する。
d　更正又は修正申告により法人税額が変更されても、地方税には影響しない。

第3章●税務分野

解 答 解 説

税効果計算業務

解答1－c

「企業会計における収益又は費用と、課税所得計算上の益金又は損金の（A **認識**）時期の相違等により、企業会計上の資産又は負債の額と課税所得計算上の資産又は負債の額に相違がある場合において、法人税その他利益に関連する金額を課税標準とする税金の額を適切に（B **期間配分**）することにより、法人税等を控除する前の（C **当期純利益**）と法人税等を合理的に対応させることを目的とする会計手続きをいう。」

企業会計においては収益から費用を差し引いて利益を求める。税法上は益金から損金を差し引いて課税所得を求める。収益・費用と益金・損金が同じならば利益と課税所得は同じになる。企業会計は適正な期間損益計算を行うために利益を計算していて、税法は公正な課税及び安定した税収入の確保のために課税所得を計算している。それぞれ目的が違うために、収益・費用と益金・損金の認識時期に相違が生じてしまう。この相違を損益計算書の利益計算上で調整するために行うのが税効果会計である。

解答2－b

将来減算一時差異とは、将来の課税所得の計算上で減額効果のある一時差異である。差異が生じたときには課税所得の計算上加算される。

将来減算一時差異の具体例
①棚卸資産の評価損
②有価証券の評価損
③貸倒引当金の繰入限度超過額
④減価償却費の限度超過額

なお、剰余金処分による租税特別措置法上の準備金は将来加算一時差異である。

解答3－b

永久差異は会計上の収益又は費用と税務上の益金又は損金についての認識に関する考え方に根本的な違いがあることによって生じる差異であり、税効果会計の対象とならない。この項目に該当するものに、以下の項目がある。

①受取配当金の益金不算入額
②交際費の損金不算入額（Ⅰ）
③寄附金の損金不算入額（Ⅲ）
④罰科金の損金不算入額　　等

解答4－a

「会計上は、今期に払わなくてもよい税金についての（A **前払い**）額を資産として計上したもの。会計上の費用（又は収益）と税法上の損金（又は益金）の認識時期の違いによる（B **一時差異**）を税効果会計によって調整することで生じる。」

将来減算一時差異の発生は、将来の課税所得を減額させるが、これは当期に税金を前払いしたと考えられる。よって、当期に計上した法人税等から減額調整するとともに、繰延税金資産を計上する。

解答5－c

「欠損金とは、各事業年度の損金の額が益金の額を超える場合にその（A **超える**）部分の金額をいう。また、繰越欠損金とは、欠損金を翌期以降（B **9年**）間に発生する課税所得から控除するために繰り越したものである。」

税務上の繰越欠損金は、その発生年度の翌期以降で繰越期間内に課税所得が生じた場合には課税所得を減額することができる。その結果、課税所得が生じた年度の法人税等として納付すべき額は、税務上の繰越欠損金が存在しない場合に比べて軽減されることになる。なお、この繰越欠損金は、一時差異そのものではないが、一時差異と同様の税効果を有する。

解答6－a

引当金の繰入限度超過額については、税効果会計の適用に伴い、発生年度において貸借対照表に繰延税金資産が、損益計算書では法人税等調整額が減額項目として計上される。これは、他の将来減算一時差異や繰越欠損金についても同様である。

解答7－c

「繰延税金資産・負債は、それぞれ一時差異の発生する原因となった資産・負債の流動・固定の分類に基づいて分類され、特に繰延税金資産は、流動資産又は（A **投資その他の資産**）に表示される。また、流動・固定に計上されたそれぞれの繰延税金資産・負債は、（B **相殺して**）表示される。」

貸借対照表上の繰延税金資産、繰延税金負債については、これらに関連した資産・負債の流動・固定の分類に基づいて、繰延税金資産については流動資産か投資その他の資産、繰延税金負債については、流動負債か固定負債として分類する。

解答8−d

aは、将来減算一時差異及び将来加算一時差異の範囲を誤るリスクに対するコントロールであるといえる。bは、繰延税金負債の計上額を誤るリスクに対するコントロールであるといえる。cは、一時差異に準ずるものの範囲及びその金額を誤るリスクに対するコントロールであるといえる。

消費税申告業務

解答1−d

消費税の課税対象となる取引は、①国内で行われる取引と②保税地域から引き取られる外国貨物である。

①の国内で行われる取引とは、国内で事業者が事業として対価を得て行う資産の譲渡・貸付け・役務の提供である。②の保税地域から引き取られる外国貨物は、消費税の課税対象となる。また、輸入取引に関しては、国内取引と異なり、課税事業者だけでなく、免税業者やサラリーマン等も納税義務を負い、消費税が課税される。

dは、贈与は対価性がないため、課税対象取引にはあたらない。

解答2−b

a 課税対象となるのは国内で行うものである。資産の所在地、役務の提供が行われた場所が国内である場合が該当する。
c 対価を得て行うとは、何らかの資産ないし利益を得ることである。無償での資産の譲渡、貸付け、役務の提供は課税の対象とならない。
d 資産の譲渡には、無形固定資産の売却も含まれる。なお、資産の譲渡のほかにも資産の貸付けや役務の提供も含まれる。

解答3−a

「消費に対して課税を行う」という消費税の性質になじまない場合や、政策的な配慮のため課税の対象とすることが不適当として扱われる取引のことを非課税取引という。土地は消費という性質に合わないため非課税となる。住宅は消費という性質に合うが、住宅の貸付は政策的な見地から非課税とされている。

解答4－b

課税対象取引になるための要件を満たさない各取引のことを課税対象外取引（不課税取引）という。具体的には以下のもののことである。
・給与、賃金
・寄附金、見舞金
・無償による試供品や見本品
・保険金、共済金

問題5－d

基準期間とは事業者が納税義務事業者となるかどうかを判定するための期間のことであり、原則として前々事業年度の課税売上高で判定を行う。基準期間が1年に満たない場合、基準期間における課税売上高は、月割計算して1年間相当に換算した金額を用いる。また、会社を設立した場合は、設立1期目と2期目は原則として基準期間が存在しない。

解答6－d

課税売上割合とは課税期間中の総売上高に対する課税期間中の課税売上高をいい、税抜きで計算を行う。「課税売上高÷総売上高」で計算される。
課税売上高の中には輸出取引等の免税売上高が含まれる。総売上高は課税売上高と輸出取引等の免税売上高及び非課税売上高のことである。

解答7－b

課税期間中の課税売上高が5億円以下の事業者で、かつ、課税売上割合が95％以上の場合には、課税仕入れに係る消費税額の全額を控除する。よって、課税売上高が5億円を超えた場合、又は課税売上割合が95％未満の場合は個別対応方式又は一括比例配分方式のいずれかによって計算した仕入控除税額を控除することになる。

解答8－c

簡易課税制度の場合には、売上げに係る消費税額に一定の仕入率を乗じて、仕入税額控除額を計算する。その際、売上げに係る消費税額に乗じる一定の仕入率をみなし仕入率という。

業種区分	みなし仕入率	事業の内容
第1種事業	90%	卸売業
第2種事業	80%	小売業
第3種事業	70%	農業、林業、漁業、鉱業、建設業・製造業・電気ガス事業　等
第4種事業	60%	第1～3種及び第5種以外の事業
第5種事業	50%	不動産業・通信運輸業・サービス業

解答9 － b

　簡易課税制度を選択できるのは、基準期間の課税売上高が5,000万円以下の納税者である。ただし、事前に税務署に届出する必要があり、いったん届出すると2年間は原則計算への変更ができない。

解答10 － c

　課税業者は、課税期間の末日から2ヵ月以内に申告書を提出しなければならない。法人税であれば、一定の場合（会計監査人の監査を受ける等）には、確定申告期限を1ヵ月延長することができる。しかし、消費税については災害等があった場合を除き、申告期限の延長は認められていない。

解答11 － c

　課税事業者が備えるべき帳簿には次の事項を記載する。
（1）資産の譲渡等に関する事項
（2）資産の譲渡等に係る対価の返還等に関する事項
（3）課税仕入れに関する事項
（4）保税地域から引き取った課税貨物に関する事項
（5）仕入れに係る対価の返還等に関する事項
（6）消費税額の還付を受ける課税貨物に関する事項
（7）貸倒れに関する事項
　保税地域から引き取った課税貨物に関しては、引き取った年月日、内容、引取りに係る消費税額及び地方消費税額を記載すればよく、取引の額を記載することは要求されていない。

解答12 － c

　法人は、帳簿を備え付けてその取引を記録するとともに、その帳簿と取引等

に関して作成又は受領した書類を、その事業年度の確定申告書の提出期限から7年間保存しなければならない。また、法人が、取引情報の授受を電磁的方式によって行う電子取引をした場合には、原則としてその電磁的記録（電子データ）をその事業年度の確定申告書の提出期限から7年間保存する必要がある。

解答13－a

「課税売上げの額に占める（A：**仮受**）消費税の割合及び課税仕入れの額に占める（B：**仮払**）消費税の割合を確認し、あらかじめ定めた基準範囲を逸脱する場合はその理由を確認し、誤りは補正する。」

解答14－a

消費税の会計処理には、税抜処理と税込処理がある。以下が処理例である。
卸売業者である課税業者が、商品を仕入れ業者から432,000円（8％税込み）で仕入れ、小売業者に648,000円（8％税込み）で販売した。なお、代金については現金決済とする。

＜税抜処理＞
（取引時）

仕入	（借）	仕入 仮払消費税	400,000 32,000	（貸）	現　　金		432,000
販売	（借）	現　　金	648,000	（貸）	売　　上 仮受消費税		600,000 48,000
決算	（借）	仮受消費税	48,000	（貸）	仮払消費税 未払消費税		32,000 16,000

＜税込処理＞
（取引時）

仕入	（借）	仕入	432,000	（貸）	現　　金		432,000
販売	（借）	現　　金	648,000	（貸）	売　　上		648,000
決算	（借）	租税公課	16,000	（貸）	未払消費税		16,000

解答15－d

期中取引について消費税課税区分の判断を誤り、税区分ごとの集計金額を誤るのは、課税区分管理に関するリスクである。この場合、仕訳伝票起票に際し

て有効な証憑書類と支払伝票を突合し、税区分が正しいことを確認する必要がある。なお、他のリスクに対するコントロールは、以下のようになる。

aの場合、消費税の納付手続きにおいて、納付書の記載金額を消費税申告書の納付金額と突合し、確認する。bの場合、支払依頼書と証憑書類を突合し、金額を確認する。cの場合、消費税納付書と支払伝票を突合し、金額を確認する。

法人税申告業務

解答1－a

交際費とは、得意先や仕入先その他事業に関係のある者に対する接待、供応、慰安、贈答などの行為のために支出する費用をいう。よって、aは交際費にあたる。bのようにカレンダー、手帳、手ぬぐいなどを贈与するために通常要する費用は宣伝的効果を意図していると考えられるため広告宣伝費となる。cのような社内の行事で従業員におおむね一律に、社内において供与される通常の飲食に要する費用は福利厚生費である。dのように事業に直接関係のない者に対する金銭の贈与は寄附金である。

解答2－c

支払依頼の金額を誤り、法人税納付が正しく行われないのは、法人税額納付手続きに関するリスクである。この場合、支払依頼書と証憑書類を突合し、金額を確定する必要がある。なお、他のリスクに対するコントロールは、以下のようになる。

aの場合、確定申告書に証拠書類を添付することを要件として損金算入等が認められる申告調整項目については、証憑書類の保管を周知するとともに、取引内容と証憑書類が整合していることを確認する。bの場合、法人が特定の設備等を取得した場合に認められる特別償却や法人税額特別控除について適用可能であるものを有効に活用していることを確認する。dの場合、会計制度変更や税制改正等に伴い、税務処理に影響を及ぼす可能性のある事項について、税務処理方法を検討のうえ、税務署等に確認する。

解答3－d

事業年度が6ヵ月を超える法人は、事業年度開始後6ヵ月を経過した日より2ヵ月以内に、中間申告書を提出し法人税額の予納を行う。中間申告には、①前期の法人税の6ヵ月換算額で申告する予定申告と②期首から6ヵ月間を1事業年度とみなし、仮決算を行って申告する中間申告の2つの方法がある。なお、予定申告でかつ税額が10万円以下の場合には申告は不要であり、また中間申告

書が申告期限までに提出されなかった場合には、予定申告があったものとみなされる。

解答4－a
前年度の実績とは前事業年度の法人税額のことである。前事業年度の法人税額としては、所得税額控除や外国税額控除等を適用した後の法人税額を用いる。

解答5－d
中間申告の方法は予定申告と仮決算による中間申告の2つの方法がある。前事業年度の法人税額を基礎として6ヵ月分に換算して申告を行うbは予定申告の説明である。

仮決算による中間申告は、事業年度開始の日から6ヵ月間を1事業年度とみなして仮決算を行い申告をする方法である。①仮決算による中間申告書による法人税額が前年度の実績による予定申告による納付すべき法人税を超える場合は仮決算による中間申告ができないこととなっている。また、②前年度の実績による予定申告により納付すべき法人税額が10万円以下の場合は中間申告が不要となっている。

解答6－d
会社は通常、「会社法」および「企業会計原則」などの規則にしたがって収益や費用を計上して利益を計算する。法人税法においても「一般に公正妥当と認められる会計処理の基準に従って計算されるもの」と規定されていて基本的には同じになる。

しかし、企業会計の計算目的は「適正な期間損益計算」で、法人税法の計算目的は「課税の公平」である。この違いから、財務諸表を作成する段階で費用として計上していなければ所得金額の計算上の損金として認めない費用が存在する。このように費用計上を条件として損金算入を認めるような調整項目を「決算調整」といい、決算調整によって会計上の費用とすることを「損金経理」という。具体的には、減価償却、繰延資産償却、引当金の繰入、役員退職金、圧縮記帳などがある。

決算調整とは、財務諸表を作成する段階で費用又は損失等して計上しなければ所得金額の計算上の損金と認められない等、一定の経理処理を要するものである。

（減価償却、繰延資産償却、各種引当金、圧縮記帳、準備金の積立等）

申告調整とは、所得金額を計算するために当期純利益を税務上の申告書で調

整を行うものである。
（還付金等の益金不算入、資産の評価損の損金不算入、受取配当金の益金不算入等）

解答7 − d
「申告調整とは、所得金額を計算するために、法人税法の規定に従って申告書（A **別表4**）において、（B **当期純利益**）に加減算して調整を行うことをいう。」
　申告調整は申告書の上で調整をすればよく、決算調整のように財務諸表上で費用計上する必要はない。実務上は、税引前当期純利益をベースに税額を計算することも多いが、申告書の所得金額計算上は、当期純利益がベースとなる。

解答8 − d
　申告調整は必ず調整しなければならない必須項目と選択により調整することができる任意項目がある。任意項目を調整することにより節税できるにも関わらず、それを行わない場合は権利を放棄したことになる。任意項目としては、受取配当金の益金不算入、所得税額及び外国税額等の税額控除、特別償却不足額の繰越し、収用などによる資産譲渡に対する特別控除などがある。

解答9 − c
c　（借）現　　　金　1,500,000　　（貸）土　　　地　　500,000
　　　　寄　附　金　1,500,000　　　　土地売却益　2,500,000
　資産の無償譲渡又は低額譲渡があった場合、法人税法では適正な時価で収益を認識する。

解答10 − d
a　別表一 … 税額の計算
b　別表二 … 同族会社の判定
c　別表三 … 留保金に対する税額計算、土地譲渡の利益に対する税額計算
d　**別表四 … 所得金額の計算**

解答11 − b
「還付加算金は、還付金が発生した場合に還付金に加算して還付されるもので、一種の（A **利子**）であり、原則として、対象となる日数に応じて（B **年7.3%**）の割合を乗じた金額となる。」
　国税を滞納した場合に延滞税が課されることとのバランスを考慮して、還付

金等には一種の利息に当たる金額を加算する。この金額が還付加算金である。還付金等には、起算日から還付の支払決定日又は充当日までの期間に年7.3％と特例基準割合のいずれか低い割合の還付加算金が加算される。

解答12 − c
同族会社には、cの選択肢だけでなく、行為計算の否認を含めた3つの特別な取扱いがある。

解答13 − a
法人税の確定申告及び税額の納付は、株主総会等で確定した決算に基づいて行われ、決算期末の翌日から2ヵ月以内である。ただし、災害に遭遇したり、会計監査人の監査のために2ヵ月以内に決算が確定しない場合には、届出により1ヵ月の延長が認められる。

解答14 − c
法人税申告書には次に掲げる書類を添付する必要がある。貸借対照表及び損益計算書、株主資本等変動計算書、勘定科目内訳明細書、事業等の概況に関する書類、組織再編成に係る契約書などである。

解答15 − c
aは、税制改正に伴う申告調整項目等の範囲の変更が反映されず、所得金額・欠損金額又は法人税額の算定を誤るリスクに対するコントロールである。bは、税額算定過程において、金額の集計誤りや処理の失念により、法人税額を誤るリスクに対するコントロールである。dは、申告額算定結果を法人税申告書に転記する際に、記載金額を誤り、過大納付する又は過少納付により附帯税が課されるリスクに対するコントロールである。

連結納税申告業務

解答1 − a
「連結事業年度とは、（A**連結親法人**）の事業年度開始の日からその終了の日までの期間をいい、連結納税の適用期間中は、原則として（B**連結事業年度**）ごとに申告・納税を行うことになる。なお、（A**連結親法人**）と事業年度の異なる連結子法人は、自らの事業年度に関わらず、この（B**連結事業年度**）の期間を1つの事業年度とみなされる。」

連結納税における連結事業年度とは、連結納税親会社の法人としての事業年

度であり、連結所得の計算期間である。連結の納税の適用対象となる各会社の事業年度とは区別して用いることから、各会社の事業年度と連結事業年度とが異なる場合には、その差異を調整するみなし事業年度の規定が設けられている。

解答2－c

「連結納税において、連結親法人になることができるのは、（A **内国法人**）である普通法人と協同組合等である。ただし、清算中の法人、他の普通法人又は協同組合等により100％所有されている法人、及び連結納税の取消し・取止めから（B **5年**）を経過していない法人等は除かれる。」

連結親法人
①普通法人又は協同組合等に限る
②他の内国法人の100％子会社は連結親法人になれない。

解答3－b

「原則として、連結子法人になるのは、連結親法人がその発行済株式総数の（A **100％**）を直接又は間接に保有している（B **内国法人**）である普通法人のすべてである。」

連結子法人
①普通法人に限る。
②連結親法人に発行済株式の全部を直接又は間接に保有されるすべての法人
③従業員持株会やストックオプションにより取得された株式のうち一定のものは発行済株式総数から除外して保有割合を計算する。

解答4－c

「連結親法人は、連結事業年度終了の日の翌日から（A **2ヵ月**）以内に、連結親法人の所轄税務署長に対し、連結確定申告書を提出し、納付しなければならない。申告期限は、連結親法人の申請により、（B **2ヵ月**）間延長することができる。」

連結所得に対する法人税の申告及び納付は、連結事業年度ごとに、親会社が一元的に行い、連結グループ各社間で税額の収受を実施する。申告納付期限は、連結事業年度終了の日の翌日から2ヵ月以内が原則であるが、さらに2ヵ月間の申告期限の延長の特例が設けられている。

解答5－c

「連結グループ内の各法人の所得金額・欠損金額を合算した（A **連結所得金額**）

を課税標準とし、連結法人税額は、（A **連結所得金額**）に税率を乗じた金額から（B **税額控除**）等を行って計算する。」

連結法人税額算定の流れ

① 単体所得金額の計算
　　グループ各社はそれぞれの申告書に基づく所得金額を計算する。
② 連結所得調整Ⅰ
　　グループ内取引に関する譲渡損益の調整、グループ内貸倒引当金の調整など「単体ベース」での連結所得調整を行う。
③ 連結所得調整Ⅱ
　　連結グループ全体での寄附金や交際費の限度額計算など「連結ベース」の連結所得調整を行う。この調整額はグループ各社へ配分される。
④ 連結所得金額
　　単体・連結ベースの連結所得調整を経て連結所得金額が求められ、連結欠損金額があるときは翌期へ繰り越し控除される。連結所得金額を各社に配分し、各社の帰属額を把握する。
⑤ 調整前連結税額
　　連結所得金額に税率を掛けて調整前連結税額を算出し、グループ各社へ配分する。
⑥ 連結税額調整Ⅰ
　　調整前連結税額に対し、租税特別措置による投資税額控除など単体ベースの連結税額調整を行う。
⑦ 連結税額調整Ⅱ
　　所得税額控除、外国税額控除、増加試験研究費の税額控除などの連結ベースの連結税額調整を行う。この調整額はグループ各社に配分される。
⑧ 連結税額
　　連結グループとして納付すべき連結税額が求められ、各社へ配分し帰属額が計算される。

解答6－a

「法人住民税・法人事業税は（A **各法人が単体**）で申告・納付するが、その課税標準として、連結所得の（B **個別帰属額**）、連結法人税額の（B **個別帰属額**）を使用して計算することになる。」

　法人事業税は、各社ごとに配分された連結所得金額を、法人住民税は各社ごとに配分された連結法人税額を基礎に課税標準を算定する。

解答7－c

「法人住民税・法人事業税の申告は、（A法人ごと）に行うこととされており、課税標準が合算されないため、所得と欠損は相殺されない。したがって、連結納税の所得と欠損の合算による（B減税効果）は、地方税には及ばないことになる。」

連結納税制度の対象となるのは法人税のみであり、地方税については対象外である。したがって、地方税である法人住民税・法人事業税については、法人税について連結納税を行う場合であっても、グループ内の各法人単体で申告納付を行うことになる。

解答8－b

a 連結法人税全体の連結損益計算書の当期純利益を基礎に税務調整を行うわけではない。

c 連結子法人も連帯納付義務を負い、連結親法人が連結法人税額を納付できなかった場合には連結子法人が納付義務を負う。

d 連結法人は、連結法人税額の納付とは別に、各社ごとに連結法人税額の個別帰属額が計算され、連結法人間で精算される。

解答9－a

連結確定申告書が正しく作成されないのは、連結納税申告手続きに関するリスクである。この場合、連結確定申告書と連結税額算定結果及びすべての連結法人の申告基礎データと照合し、連結確定申告書が正しいことを確認する。なお、他のリスクに対するコントロールは、以下のようになる。

bの場合、納付書の記載金額と連結確定申告書の納付金額とを突合し、納付書の記載が正しいことを確認する。cの場合、納付期限までに所轄税務署に対して納付が完了するよう、出納担当者に対して支払依頼を行う。dの場合、納付書の銀行受付印等により連結納税額の納付の事実の確認後、連結納税額の決済仕訳を作成し、前期末決算において計上した仕訳、勘定科目表及び納付書により、勘定科目及び金額に誤りがないことを確認する。

解答10－c

連結納税額の納付書の記載金額を誤り、納付金額に過不足が生じるのは、連結納税納付手続きに関するリスクである。この場合、納付書の記載金額と連結確定申告書の納付金額とを突合し、納付書の記載が正しいことを確認する必要がある。なお、他のリスクに対するコントロールは、以下のようになる。

aの場合、事前の各連結子法人向けに申告基礎データを作成するための事務

処理マニュアルやチェックシートを作成し、説明会により事前説明を行う。bの場合、申告基礎データの回収から申告額算定、申告手続きまで、一連の定められたスケジュールに従って連結税額の算定が進捗していることを確認する。dの場合、有価証券台帳や関係会社明細表等に基づく各連結子法人の投資状況や加入・離脱・組織再編成の状況の報告書を確認し、連結納税対象範囲を確定させ、加入・離脱・組織再編成に必要な書類が漏れなく所轄税務署長に提出されていることを確認する。

税務調査対応

解答1－d

a	所内調査	税務官署内での申告審理・資料照合による調査対象の選別等の調査
b	実地調査	調査官が納税者の所在地へ臨場して行う調査
c	反面調査	納税者の申告内容確認のために行う取引先等に対する裏付け調査

解答2－d

　　Ⅰ　登記簿謄本
　　Ⅱ　総勘定元帳
　　Ⅲ　請求書
　　Ⅳ　社内稟議書

これらは、すべて税務調査において事前に準備しておくべき書類である。

なお、問題文にあげた証憑類だけでなく、現金や預金通帳、受取手形、有価証券、棚卸資産等の現物も調査対象となる。

解答3－c

延滞税は、加算税ではない。加算税は申告義務が適正に履行されない場合に課されるもので、一種の行政制裁的な性格を有する。

種　類	内　　容
過少申告加算税	期限内に確定申告書を提出した後、修正申告書の提出又は更正によって追加税額が生じた場合に課税される税
無申告加算税	期限内に確定申告書の提出がない場合で、納付すべき税額があった場合に課税される税
不納付加算税	源泉徴収等による国税が法定納期限内に完納されなかった場合に課税される税
重加算税	過少申告加算税などが課税される場合において、隠ぺい・仮装により申告している場合にその過少申告加算税に代えて課税される税
延滞税	法定納期限までに税金を納付しなかった場合に課税される税

解答4－a

更正の内容に不服がある場合には、以下のような制度がある。

内　容	期　限
税務署長等に異議申立て	処分があったことを知った日の翌日から2ヵ月以内
国税不服審判所に審査請求	異議決定書謄本の送達があった日の翌日から1ヵ月以内
裁判所に訴訟の提起	裁決があったことを知った日から6ヵ月以内

解答5－d

更正とは、申告した納付額に計算違いがあったことを税務調査等によって明らかとなった時に、税務署が正しい税額に是正することを言う。

納税者は、申告書に記載した納税額が過少である場合は、更正があるまでは、修正申告書を提出して、税額を修正することができる。

解答6－c

a　調査官が指摘事項に関する事実関係を誤認している場合には、証拠資料を示し、正しい事実を説明する。
b　税務調査を受けて追徴されることになったとき、修正申告するか更正処分を受けるかは選択することになる。なお、更正又は決定に対しては不服申立てができるが、修正申告した場合には不服申立てはできない。
d　法人税額が、更正又は修正申告により変更した場合には、通常、住民税や事業税といった地方税も併せて修正申告する。

第4章 資金管理

問題

現金出納管理

問題1 会計上現金として取り扱われる項目で適切でないものはどれか。
a 郵便為替証書
b 期限到来の公社債利札
c 自己振出小切手
d 配当金領収証

問題2 会計上現金として取り扱われる項目で適切なものはどれか。
a 振替貯金払出証書
b 未渡小切手
c 先日付小切手
d 郵便切手・収入印紙

問題3 小口現金制度を採用した場合に、一定期間経過後に支払額と同額を補給する制度について最も適切なものはどれか。
a 随時補給法
b インプレストシステム
c キャッシュマネジメント
d ファームバンキング

問題4 次の現金過不足勘定に関する解説で（　）内に入る語句の組み合わせとして最も適切なものはどれか。

「現金過不足勘定は、その発生原因が不明なとき（　A　）に用いる勘定であるため、不一致の原因が判明した場合は適切な勘定科目に振り替え、判明しなければ（　B　）として処理する。」

a　A　継続的　　　B　特別利益又は特別損失
b　A　一時的　　　B　雑収入又は雑損失
c　A　継続的　　　B　雑収入又は雑損失
d　A　一時的　　　B　特別利益又は特別損失

問題5 現金管理の内部牽制に関する記述で適切でないものはどれか。
a 現金の取扱いと記帳担当を統括して行う。
b 支払いは、小口現金を除いて、すべて銀行振込みか線引小切手を用いる。
c 第三者による定時又は抜き打ちの現金実査を行う。
d 現金取扱者の権限を明確に定めておく。

問題6 支払精査に関する記述のうち適切でないものはどれか。
a 証憑書類から支払内容の妥当性を検証する。
b 支払伝票を作成する。
c 支払先からの請求書を確認する。
d 取引の契約内容を確認する。

問題7 現金出納帳管理に関する記述のうち適切でないものはどれか。
a 現金出納帳の記帳担当者と現金の出納担当者を分担させる。
b 入金期日の到来をもって、現金出納帳に記入する。
c 現金出納帳残高と手元現金有高との確認、照合を行う。
d 現金出納帳残高と手許現金残高に内容不明の差異が生じた場合には、現金過不足勘定により一時的に両者を一致させておく。

問題8 ペイオフの対象となる預金に関する項目で適切でないものはどれか。
a 当座預金
b 普通預金
c 定期預金
d 外貨預金

問題9 入金内容確認処理を行う際の手順を実施する順に並び替えよ。

A 入金内容の確認
B 入金予定日確認・支払通知書確認
C 該当部門への通知
D 期日別債権残高の確認

a A→B→D→C
b B→D→A→C
c C→A→B→D
d D→B→A→C

問題10　現金出納管理における銀行振込入金のリスクに関する記述で適切でないものはどれか。
a　一部の取引銀行口座の振込情報の把握が漏れる。
b　計上金額・計上日を誤り、実際の入金額・入金日と異なる仮勘定計上を行う。
c　入金内容が確認されず、仮受勘定残高が長期残置され、入金事実が適正に財務諸表に反映されない。
d　証憑書類の精査が漏れ、実態のない支払いが行われる。

問題11　現金有高と現金出納帳が一致しないというリスクに対するコントロールに関する記述で適切なものはどれか。
a　入金・出金に関する証憑書類と現金出納帳を突合し、記載内容に誤りがないことを確認する。
b　日々、現金有高と現金出納帳を照合する。
c　取引口座の利用頻度を検証し、利用頻度が低い口座については廃止・統合を検討する。
d　補充対象期間における支払証憑書類と現金請求額を突合し、補充額が適切であることを確認する。

手形管理

問題1　手形の性質として適切なものはどれか。
a　手形法上の必要的記載事項が欠けていたとしても、法律上有効となる。
b　手形の権利内容は、証券上の記載だけではなく、当事者間の交渉によっても決定される。
c　手形の権利者であれば、呈示しなくても権利行使できる。
d　手形の権利が発生すれば、手形発行の原因に関係なく、手形は有効とされる。

問題2　受取手形を入手した場合の処理に関する記述のうち適切でないものはどれか。
a　受取手形の有効性を確認し、手形を回収する。
b　受取手形の承認を確認し、手形の受取りを計上する。
c　受取手形の割引きを実施する。
d　手形内容を確認し、対象債権を精査する。

問題3　約束手形の必要的記載事項として適切でないものはどれか。
a　手形金額
b　支払委託文句
c　振出地
d　満期日

問題4　第1号不渡りの対応について適切でないものはどれか。
a　裏書人への通知
b　異議申立預託金の仮差し押さえ
c　債務者の財産を仮差し押さえ
d　手形訴訟

問題5　銀行で手形を割り引いた場合の処理について最も適切な処理はどれか。

a　（借）　当　座　預　金　××　　（貸）　受　取　手　形　××
　　　　　手形売却損　　××
b　（借）　現　　　　　金　××　　（貸）　受　取　手　形　××
　　　　　手形売却損　　××
c　（借）　当　座　預　金　××　　（貸）　受　取　手　形　××
d　（借）　受　取　手　形　××　　（貸）　割　引　手　形　××

問題6　受取手形を期日別管理する理由として、該当しないものはどれか。
a　期日到来にあわせて、銀行に取立依頼する準備を行うため
b　取立後の入金日や入金額を資金繰りに反映させるため
c　手形の期日前譲渡による支払割引料の発生を防ぐため
d　受取手形の保有状況を適時把握・管理するため

問題7　手形の不渡に関する解説で（　）内に入る語句の組み合わせとして最も適切なものはどれか。

「第1回の不渡報告後、（　A　）以内に（　B　）回目の不渡り（1号不渡り又は2号不渡り）を出すと（　C　）処分となる。」

a　A　12ヵ月　　B　2　　C　行政
b　A　12ヵ月　　B　3　　C　取引停止
c　A　6ヵ月　　B　2　　C　取引停止

d　A　6ヵ月　　　　B　3　　　C　行政

問題8　手形管理における受取手形残高管理のリスクに関する記述で適切でないものはどれか。
a　受取手形管理台帳の記載内容もしくは記載金額を誤る。
b　期日到来分の受取手形について取立が漏れる。
c　受取手形現物と受取手形台帳残高が不一致となる。
d　受取手形の振出人の信用力が低く、想定より大きい割引率が適用される。

問題9　小切手の特徴として適切でないものはどれか。
a　譲渡には裏書が必要
b　呈示期間は振出日の翌日から10日間
c　印紙不要
d　受取人の記載不要

問題10　小切手の取扱いについて適切でないものはどれか。
a　先日付小切手であれば、必ず期日どおりに取立てが実行される。
b　先日付小切手であっても、期日前に資金不足であれば不渡りの可能性がある。
c　小切手には、収入印紙を添付する必要はない。
d　小切手を振り出すと、当座預金勘定から減額する。

問題11　次の（　）内に入れるべき語句として適切なものはどれか。

「他人振出しの小切手を銀行に預け入れて取立てを依頼したにもかかわらず、銀行で未だ取立てが完了していない小切手を（　）という。」

a　未渡小切手
b　未取付小切手
c　先日付小切手
d　未取立小切手

問題12　領収書の確認が漏れ、領収書と異なる額面の受取手形を受領するというリスクに対するコントロールに関する記述で適切なものはどれか。
a　受取手形と仕訳伝票を突合し、金額を確認する。
b　手形の内容について、取引先からの支払通知、自社の発行した請求書、各

証憑書類を検証し、手形内容を確認する。
c　顧客別債権管理台帳の金額を確認し、領収書を事前作成する。
d　受取手形の受領、取立、決済、割引の際に、それぞれの証憑書類と受取手形管理台帳を突合し、確認する。

有価証券管理

問題1　金融商品のリスクに関して適切でないものはどれか。
a　ミドルリスク
b　信用リスク
c　価格変動リスク
d　カントリーリスク

問題2　債券投資の収益に関する記述で適切でないものはどれか。
a　クーポン収入
b　受取クーポンの再投資による収入
c　満期償還時の償還損益
d　配当収入

問題3　所有期間利回りについて適切なものはどれか。
a　債券投資元本に対し、直接的に得られる年間のクーポン収入の割合
b　債券発行時に取得し、償還まで保有した場合の年間利回り
c　償還前に債券を売却する場合の年間利回り
d　債券を満期まで所有した場合の年間利回り

問題4　金融商品に関する会計基準によった場合、有価証券を保有目的により分類する記述で適切でないものはどれか。
a　売買目的有価証券
b　満期保有目的債券
c　売却可能有価証券
d　その他有価証券

問題5　有価証券の会計処理について述べた次の記述のうち適切でないものはどれか。
a　関連会社株式は、個別財務諸表でも連結財務諸表でも持分法を適用して評価する。

b 子会社株式は、原則として原価評価であるが、時価が著しく下落したときは、回復する見込みがあると認められる場合を除き、時価をもって貸借対照表価額としなければならない。
c 満期保有目的債券は、満期まで1年以内となった場合には流動資産の部に有価証券の名称で記載される。
d その他有価証券は時価により評価され、その評価益にあたる差額については税効果会計を適用したうえ純資産の部に計上しなければならない。

問題6　時価が上昇した場合の評価差額の原則的な会計処理に関する次の組み合わせのうち、最も適切なものはどれか。

有価証券　　　　　　　　　会計処理
Ⅰ　売買目的有価証券　　　Ⅴ　当期の損益
Ⅱ　その他有価証券　　　　Ⅵ　純資産の部
Ⅲ　満期保有目的債券　　　Ⅶ　認識せず
Ⅳ　子会社及び関連会社株式

a　ⅠとⅦ
b　ⅡとⅥ
c　ⅢとⅤ
d　ⅣとⅥ

問題7　売買目的有価証券の評価損を計上する際に最も適切な処理はどれか。
a　（借）有　価　証　券　××　　（貸）有価証券運用損益　××
b　（借）有価証券運用損益　××　　（貸）有　価　証　券　××
c　（借）有　価　証　券　××　　（貸）有価証券売却損益　××
d　（借）有価証券売却損益　××　　（貸）有　価　証　券　××

問題8　減損処理に関する解説で（　）内に入る語句の組み合わせとして最も適切なものはどれか。

「市場価格のある株式は、時価が（　A　）したときに回復する見込みがあると認められる場合を除き、時価をもって貸借対照表価額とし、評価差額は（　B　）として計上する。」

a　A　下落　　　　B　当期の資本
b　A　下落　　　　B　当期の損失

| c | A | 著しく下落 | B | 当期の損失 |
| d | A | 著しく下落 | B | 当期の資本 |

問題9 減損処理に関する解説で（　）内に入る語句の組み合わせとして最も適切なものはどれか。

「市場価格のない株式は（　A　）をもって貸借対照表価額とするが、当該株式の発行会社の財政状態の悪化により（　B　）が著しく低下したときは減損処理を行い、評価差額を当期の損失として計上する。」

a	A	取得原価	B	時価
b	A	取得原価	B	実質価額
c	A	時価	B	時価
d	A	時価	B	実質価額

問題10 有価証券管理における運用実行のリスクに関する記述で適切でないものはどれか。
a　上場株式の時価評価額の算定を誤る。
b　購入条件に適合しない契約書が締結される。
c　購入代金の支払依頼の確認を怠り、支払いを怠る。
d　有価証券計上額を誤る。

問題11 投資の可否判断を誤り、会社に損失を与えるというリスクに対するコントロールに関する記述で適切なものはどれか。
a　支払依頼書と証憑書類を突合し、金額を確認する。
b　社内で定められた投資基準にしたがって投資可否判断がなされていることを確認する。
c　投資決定内容と契約書を突合し、契約書の内容が投資決定内容に合致していることを確認する。
d　有価証券の購入に関する証憑書類と仕訳伝票を突合し、金額を確認する。

問題12 株価収益率として適切なものはどれか。
a　株価÷EPS
b　1株当たり配当÷株価
c　株価÷1株当たり純資産
d　1株当たり利益÷株価

問題13 インサイダー取引に関する説明で（　）内に入る語句の組み合わせとして最も適切なものはどれか。

「インサイダー取引とは、上場会社や関連会社の（ A ）や大株主、取引銀行、取引先などの会社関係者から（ B ）に重要な影響を与える重要事実の伝達を受けた者が、その重要事実が公表される前に有価証券の売買を行うことである。」

a　A　役員　　　　　B　株価
b　A　役員　　　　　B　経営
c　A　従業員　　　　B　株価
d　A　従業員　　　　B　経営

債務保証管理

問題1　次の偶発債務に関する解説で（　）内に入る語句の組み合わせとして最も適切なものはどれか。

「債務の保証、係争事件に係る賠償義務及び保証類似行為等のように、（ A ）時点では発生していないが、（ B ）発生する可能性がすでに存在しており、将来の条件次第では発生が想定される潜在的な債務。」

a　A　決算日　　　　B　現在
b　A　株主総会　　　B　現在
c　A　決算日　　　　B　将来
d　A　株主総会　　　B　将来

問題2　次の債務保証に関する解説で（　）内に入る語句の組み合わせとして最も適切なものはどれか。

「主たる債務者が債務を履行しない場合、（ A ）がその債務を履行する責任を負うことを契約することにより、（ B ）の債権を担保するものである。」

a　A　債務者　　　　B　債権者
b　A　保証人　　　　B　債権者
c　A　保証人　　　　B　債務者
d　A　債務者　　　　B　債務者

問題3　債務保証に関する記述で適切でないものはどれか。
a　損失発生の可能性が低い場合、貸借対照表へ注記する。
b　損失発生の可能性が高く、金額の合理的見積りが可能であれば引当金を計上する。
c　債務保証損失引当金の繰入額は、営業外費用又は特別損失に計上する。
d　債務保証損失引当金の流動・固定の区分は、正常営業循環基準による。

問題4　保証類似行為に関して適切でないものはどれか。
a　停止条件付保証契約
b　経営指導念書等の差し入れ
c　予約完結権行使型保証予約
d　担保保証契約

問題5　次の連帯保証に関する解説で（　）内に入る語句の組み合わせとして最も適切なものはどれか。

「連帯保証人は、（　A　）及び検索の抗弁権を持たないこと、また、連帯保証人が数人いても（　B　）を持たないことなどの点で、連帯保証は通常の保証よりも債権者にとって有利な制度である。」

a　A　催告の抗弁権　　B　分別の利益
b　A　通知の抗弁権　　B　分割の利益
c　A　催告の抗弁権　　B　分割の利益
d　A　通知の抗弁権　　B　分別の利益

問題6　債務保証等の偶発債務に係る内部統制上の留意点に関する次の記述のうち適切なものはどれか。
a　偶発債務の内容は、会計原則等で確認する。
b　債務保証を行う場合には、契約の事前事後を問わず直属の上長の承認を得るようにする。
c　経理部門は決算期ごとに偶発債務に関する情報を収集する。
d　偶発債務については、監査役会の決議事項とする。

問題7　債務保証等の偶発債務に係る財務諸表の注記事項として適切でないものはどれか。
a　係争事件の賠償義務

b　保証予約
c　経営指導念書の差し入れ
d　債務保証損失引当金

問題8　債務保証管理における債務保証料管理のリスクに関する記述で適切でないものはどれか。
a　承認された債務保証枠の確認を怠り、過大な債務保証の契約を締結する。
b　債務保証料の算定を誤る。
c　請求書発行が漏れる。
d　仕訳の計上額を誤る。

問題9　債務保証管理におけるグループ会社にかかる保証枠申請におけるリスクに対するコントロールに関する解説で（　）内に入る語句の組み合わせとして最も適切なものはどれか。

「担当者は、グループ会社からの債務保証申請内容とその財務内容からの債務保証の（　A　）を検証し、社内で定められた基準に従って債務保証申請がなされていることを確認する。また、融資管理台帳及び債務保証台帳とグループ会社からの借入残高明細報告を突合し、グループ会社への（　B　）な支配に該当しないことを確認する。」

a　A　安全性　　　B　形式的
b　A　成長性　　　B　実質的
c　A　成長性　　　B　形式的
d　A　安全性　　　B　実質的

貸付金管理

問題1　貸付実施前における融資先の調査事項に関する記述で最も適切でないものはどれか。
a　企業の財政状態・経営成績
b　企業の将来性
c　回収不能に対する貸倒引当金計上
d　会社設立状況・目的

問題2　次の証書貸付の返済方法に関する解説で（　）内に入る語句の組み合わせとして最も適切なものはどれか。

「貸付期間が長期にわたり、（ A ）をするのが一般的であるため、1回当たりの返済額及び債務不履行となった場合の（ B ）条項を入れる必要がある。」

a　A　一括返済　　　B　優先
b　A　分割返済　　　B　特約
c　A　分割返済　　　B　優先
d　A　一括返済　　　B　特約

問題3　次の返済期限に関する解説で（　）内に入る語句の組み合わせとして最も適切なものはどれか。

「返済期限の約束がある場合、借主は約束に従って返済しなければならないが、返済期まで返さなくてもよいとする（ A ）を有する。また、約束がない場合でも貸主は（ B ）を定めて返還の催告として返済を求めることができる。」

a　A　期限の利益　　B　最短の期間
b　A　返済の利益　　B　最長の期間
c　A　返済の利益　　B　相当の期間
d　A　期限の利益　　B　相当の期間

問題4　融資契約に関する記述で適切でないものはどれか。
a　利息付きの貸し金の場合、返済期限前までに返済しても、原則として返済期限までの利息を支払う。
b　返済期限を過ぎると債務不履行になり遅延損害金が発生する。
c　商取引の場合、定めがなくても年6％の遅延損害金を請求することができる。
d　借主は、返済期においてのみ返済ができる。

問題5　融資管理台帳に関する記述として適切なものはどれか。
a　融資管理台帳により、元本の増及び利息の回収状況等を把握する。
b　融資管理台帳が完備されていれば、融資先への残高確認は必要ない。
c　返済が延滞している場合には、融資管理台帳から融資額を消去する。
d　融資契約書が完備されていれば融資管理台帳は必要ない。

問題6 貸付金の元本及び利息回収に関する記述のうち最も適切なものはどれか。
a 請求内容の確認は、融資契約書、融資元本残高、返済スケジュール、請求額、請求内容を確認する。
b 請求書を発行すれば、入金の確認は不要である。
c 利息は、一般的に融資期間終了時に回収することになるが、決算時期をまたがっても特段の処理は必要ない。
d 融資先に対し、請求書を作成し、返済請求を実施した時点で融資返済仕訳を計上する。

問題7 貸付金管理における融資実行のリスクに関する記述で適切でないものはどれか。
a 支払依頼の金額を誤り、契約と異なった金額の融資金が送金される。
b 融資事実と異なった融資仕訳が計上される。
c 請求書の記載金額を誤り、請求金額に過不足が生じる。
d 支払依頼が漏れ、融資が実行されない。

問題8 元本返済や利息回収の遅延・延滞事実の把握が漏れるというリスクに対するコントロールに関する記述で適切なものはどれか。
a 返済スケジュール上の元本返済日及び利息回収日においては、融資先からの入金の有無及び金額を確認し、返済スケジュールどおりの入金がない場合は、融資先は問い合わせを実施する。
b 財務データ、信用調査調書、取引履行状況等を確認し、融資条件に照らして融資条件変更可否を検証する。
c 融資先からの融資残高回答額と融資残高管理台帳を突合し、残高を確認する。
d 契約書及び入金証憑と融資管理台帳を突合し、元本増減及び利息回収の記録を確認する。

借入金管理

問題1 長期借入金の目的として最も適切なものはどれか。
a 設備資金
b 納税資金
c 賞与資金
d 決算資金

問題2 借入を実行する際、金融機関へ提出する添付書類の中で「会社の構成を表す書類」として最も適切でないものはどれか。

a 法人印鑑証明書
b 役員名簿
c 株主名簿
d 会社案内

問題3 貸付側からみた借入形態の分類について適切でないものはどれか。

a 手形貸付
b 証書貸付
c 手形割引
d 当座借越

問題4 金銭消費貸借契約書に記載すべき事項として適切でないものはどれか。

a 返済期限
b 返済方法
c 経過利息
d 借入れ目的

問題5 利息の計算方法として適切でないものはどれか。

a 片端入れは利息の日数計算において、借入日を借入日数に含め、返済日を借入日数に含めない方法である。
b 両端入れは利息の日数計算において、借入日も返済日も借入日数に含める方法である。
c ＬＩＢＯＲを元に日割り計算を行う場合は、「借入日数÷365日」で計算を行う。
d 金融機関から融資を受ける場合の利率は、各銀行の金融取引の方針によって異なる。

問題6 借入金管理における借入金返済のリスクに関する記述で適切でないものはどれか。

a 返済額・返済期日を誤る。
b 長期・短期の区分など借入契約とは異なった金額の借入金仕訳が計上される。

c 資金計画を誤り、返済資金を手当てできない。
d 請求内容と支払依頼の確認を怠り、支払を誤る。

問題7 実際の借入金残高と借入金台帳の借入金残高が一致しないというリスクに対するコントロールに関する記述で適切なものはどれか。
a 借入金台帳と仕訳伝票を突合し、計上内容を確認する。
b 支払依頼書と証憑書類を突合し、金額を確認する。
c 登記簿謄本を確認し担保抹消がなされていることを確認する。
d 借入金台帳と金融機関からの残高確認書を突合し、借入金残高を確認する。

社債管理

問題1 次の社債の発行に関する解説で（ ）内に入る語句の組み合わせとして最も適切なものはどれか。

「社債の発行は、企業による資本市場からの証券発行形式による（ A ）資金調達方法の1つである。広く一般から資金調達ができる点と、増資と異なり（ B ）の増加を伴わない点に特徴がある。」

a A 短期　　B 資本
b A 短期　　B 負債
c A 長期　　B 負債
d A 長期　　B 資本

問題2 社債発行にあたり、会社法に規定のある必要な手続きとして適切でないものはどれか。
a 社債原簿の本店への備え置き
b 社債発行総額、利率、発行価額、期限、償還方法の決定
c 社債管理者の設置
d 法人印鑑証明書・付属添付資料の提出

問題3 次の社債管理者に関する解説で（ ）内に入る語句の組み合わせとして最も適切なものはどれか。

「社債管理者は、（ A ）のために弁済を受ける等の業務を行うのに必要な一切の権限を有する者であり、無担保社債を発行する会社に際しては、（ B ）保護の観点から会社法上、設置が義務付けられている。」

a	A	取締役	B	投資家
b	A	社債権者	B	社債発行会社
c	A	取締役	B	社債発行会社
d	A	社債権者	B	投資家

問題4 次の社債管理者の責任に関する解説で（　）内に入る語句の組み合わせとして最も適切なものはどれか。

「社債管理者が、（　A　）又は（　B　）の決議に違反する行為を行い、これによって社債権者に損害が生じた場合、社債管理者は債権者に対して賠償責任を負う。また、社債管理者が複数存在する場合には、これらの社債管理者は（　C　）責任を負う。」

a	A	金融商品取引法	B	株主総会	C	連帯して
b	A	会社法	B	社債権者集会	C	連帯して
c	A	金融商品取引法	B	社債権者集会	C	個別に
d	A	会社法	B	株主総会	C	個別に

問題5 社債発行時における手数料について適切でないものはどれか。
a 発行事務手数料
b 引受手数料
c 元利金支払手数料
d 応募者登録手数料

問題6 社債権者集会に関する記述のうち適切なものはどれか。
a 社債発行会社に1つ組織される。
b 招集権者は、原則として社債権者である。
c 決算期ごとに招集される。
d 決議の効力は、裁判所の認可が必要である。

問題7 社債管理における社債償還のリスクに関する記述で適切でないものはどれか。
a 支払金額を誤り、社債償還額を誤る。
b 償還スケジュールの確認が漏れ、償還が実施されない。
c 元本増減時に社債台帳への記帳が漏れる。
d 社債契約とは異なった金額の社債償還仕訳が計上される。

問題8 社債利息対象期間・利率・発行額を誤り、社債利息の算定を誤るというリスクに対するコントロールに関する記述で適切なものはどれか。

a 社債台帳と仕訳台帳を突合し、金額を確認する。
b 社債利息算定結果と社債管理会社から利息計算書を突合し、金額を確認する。
c 社債発行のタイミングが近づいた場合には格付け機関との連絡を密にし、必要書類リストを事前に作成して提出書類と突合し、書類に漏れがないことを確認する。
d 社債発行に伴う必要契約リストを作成し、契約進捗を管理、確認する。

デリバティブ取引管理

問題1 下記の取引のうちデリバティブ取引に該当しないものはどれか。

a 先渡取引
b 先物取引
c スワップ取引
d 損益取引

問題2 デリバティブ取引の目的に該当しないものはどれか。

a 投機目的
b 管理目的
c ヘッジ目的
d 裁定取引

問題3 スワップ取引に関する次の組み合わせのうち最も適切なものはどれか。

A スワップ取引とは将来価値の等しいキャッシュフローを交換する取引である。
B 金利スワップとは同じ通貨間の異なる種類の金利を交換し元本は交換しない。
C 通貨スワップとは異種通貨間の異なる種類の金利を交換し元本は交換しない。

a Aのみ
b Bのみ
c Cのみ

d　AとBとC

問題4　デリバティブ取引の認識基準に該当するものはどれか。
a　検収日基準
b　入出金基準
c　約定基準
d　発生基準

問題5　デリバティブが有するリスクの内容に関する記述で<u>適切でない</u>ものはどれか。
a　リーガルリスクとは、デリバティブ商品が違法となるリスクである。
b　オペレーションリスクとは、取引事務の遂行上のミスやシステムのダウンによるリスクである。
c　システマティックリスクとは、市場全体の機能を損なうリスクである。
d　流動性リスクとは、ポートフォリオの価値が不利な方向へ変動するリスクである。

問題6　ヘッジ会計に関する解説で（　）内に入る語句の組み合わせとして最も適切なものはどれか。

「ヘッジ会計とは、ヘッジ対象に係る損益とヘッジ手段に係る損益を同一の会計期間に認識し、ヘッジの効果を会計に反映させるための会計処理であり、通常、ヘッジ取引は（　A　）の相殺や、キャッシュフローの（　B　）を目的として実行される。」

a　A　債権債務　　　　B　変動化
b　A　相場変動　　　　B　固定化
c　A　債権債務　　　　B　固定化
d　A　相場変動　　　　B　変動化

問題7　デリバティブ取引に関する解説で（　）内に入る語句の組み合わせとして最も適切なものはどれか。

「デリバティブ取引により生じる正味の債権及び債務は、（　A　）をもって貸借対照表価額とし、評価差額は、原則として、（　B　）として処理する。」

a　A　時価　　　　　　B　純資産の部に評価差額金

b	A	取得原価	B	当期の損益	
c	A	取得原価	B	純資産の部に評価差額金	
d	A	時価	B	当期の損益	

問題8 デリバティブ管理における取引実行のリスクに関する記述で適切でないものはどれか。

a ヘッジ方針に合致しない商品を選択する。
b 取引先に誤った取引要件が通知される。
c 市場価格の確認を誤り、誤ったタイミングで権利行使を行う。
d ヘッジ取引による実現損益の算定を誤る。

問題9 ヘッジ方針策定にかかるリスクに対するコントロールに関する解説で（　）内に入る語句の組み合わせとして最も適切なものはどれか。

「（　A　）取引の方針及び取引内容をふまえ、（　A　）取引における（　B　）の所在を明確にしたうえで（　C　）取引方針を策定する。」

a	A	先物	B	実現性	C	現物
b	A	現物	B	実現性	C	ヘッジ
c	A	現物	B	リスク	C	ヘッジ
d	A	先物	B	リスク	C	現物

外貨建取引管理

問題1 外貨建取引の次の説明文について、空欄に入る組み合わせはどれか。

「銀行間相場には、（　A　）為替相場と（　B　）為替相場がある。」

a	A	買い	B	売り
b	A	直接	B	間接
c	A	相対	B	絶対
d	A	直物	B	先物

問題2 期末に米ドル建売掛金を保有していた場合、換算替えにより生じる項目として適切なものはどれか。なお、為替相場は、売掛金計上時から円高基調である。

a 為替差損
b 為替差益

c 為替換算調整勘定
d 差額は生じない

問題3 期末に米ドル建借入金を保有していた場合、換算替えにより生じる項目として適切なものはどれか。なお、為替相場は、借入金計上時から円安基調である。

a 為替差損
b 為替差益
c 為替換算調整勘定
d 差額は生じない

問題4 外貨建有価証券の換算として適切なものはどれか。

a 外貨建売買目的有価証券については、外国通貨による時価を決算時の為替相場で換算する。
b 外貨建満期保有目的債券については、外国通貨による償却原価を決算時の為替相場で換算しなければならない。
c 時価のある外貨建その他有価証券については、外国通貨の取得原価を決算時の為替相場で換算する。
d 外貨建子会社株式・関連会社株式については、決算時の為替相場で換算する。

問題5 外貨建有価証券の換算差額として適切なものはどれか。

a 外貨建子会社株式・関連会社株式における換算差額は為替差損益として処理する。
b 外貨建満期保有目的債券における換算差額は、有価証券利息として処理する。
c 外貨建売買目的有価証券における換算差額は、有価証券評価損益として処理する。
d 外貨建その他有価証券における換算差額は、その他有価証券評価損益として処理する。

問題6 在外子会社等の決算日が連結決算日と異なる場合の取扱いに関する解説で（　）内に入る語句の組み合わせとして最も適切なものはどれか。

「在外子会社等の決算日が、連結決算日と異なる場合には、原則として貸借

対照表項目（純資産の部を除く）は在外子会社の（ A ）における為替相場、損益計算書は在外子会社等の会計期間に基づく（ B ）によりそれぞれ換算する。」

a　A　決算日　　　B　期中平均相場
b　A　取得日　　　B　取得日相場
c　A　決算日　　　B　取得日相場
d　A　取得日　　　B　期中平均相場

問題7　為替予約等の振当処理に関する記述のうち適切でないものはどれか。
a　振当処理は、円貨によるキャッシュフローが固定されている場合に採用が認められている。
b　振当処理を適用する場合には、会計方針として決定する必要がある。
c　振当処理を適用する場合には、ヘッジ会計の要件を満たす必要がある。
d　振当処理は、同一企業内で統一的に適用する。

問題8　為替ポジションの記述として適切なものはどれか。
a　為替予約額
b　直先差額
c　外国為替の持高
d　決算日のレート

問題9　外貨建取引管理における為替予約管理のリスクに関する記述で適切でないものはどれか。
a　為替予約方針で為替予約を付すべきとされた取引に、為替予約が付されていない。
b　スポットレートの確認を誤り、自社にとって不利な為替予約レートで予約実行する。
c　期末為替レートの把握を誤り、期末評価換算を誤る。
d　為替予約契約とは異なった金額の為替取引仕訳が計上される。

資金管理

問題1　新株発行（増資）に関する記述で適切でないものはどれか。
a　返還を要しない長期安定資金である。
b　固定的な債務の利子を払う必要はない。

c 比較的安定した他人資本である。
d 証券として売買の市場を持っている。

問題2　社債発行に関する記述で適切でないものはどれか。
a 利子は常に一定額で、変動費として機能している。
b 利子は税法上損金として認められるので、課税上有利である。
c 比較的安定した他人資本である。
d 社債権者は議決権を持たないので支配権を持たない。

問題3　キャッシュフロー計算書についての次の説明について（　）内に入る語句の組み合わせで最も適切なものはどれか。

「キャッシュフロー計算書は一会計期間におけるキャッシュの増減を表示する（　A　）である。営業区分、（　B　）、財務区分の3つに区分されている。」

a　A　収支資金表　　　B　経常区分
b　A　収支資金表　　　B　投資区分
c　A　財務諸表　　　　B　経常区分
d　A　財務諸表　　　　B　投資区分

問題4　営業活動によるキャッシュフローに関する記述で適切でないものはどれか。
a 営業損益計算の対象となった取引に関わるキャッシュフロー
b 支払利息、受取利息、受取配当金に関わるキャッシュフロー
c 法人税などの支払額
d 配当金の支払い

問題5　投資活動によるキャッシュフローに関する記述で適切でないものはどれか。
a 有形固定資産の取得による支出
b 有価証券の売却による収入
c 貸付けによる支出
d 自己株式の取得による支出

問題6　キャッシュフロー計算書に関する記述で適切でないものはどれか。
a 決算日から満期日あるいは償還日までの期間が3ヵ月以内の定期預金や譲

渡性預金、コマーシャルペーパーは、現金同等物の範囲に含まれる。
b　キャッシュフロー計算書の作成について、投資活動及び財務活動によるキャッシュフローの計算区分は、直接法と間接法いずれの方法でも同じ記載内容になる。
c　営業活動によるキャッシュフローの区分には、災害による保険金収入など投資活動や財務活動に含まれない事象も表示される。
d　キャッシュフロー計算書において、配当金の支払額と配当金の受取額は、異なる活動区分に表示される。

問題7　貸借対照表残高の増減と収支に関する記述で適切なものはどれか。
a　売掛債権の増加は、収入の増加となる。
b　売掛債権の減少は、収入の減少となる。
c　買掛債務の増加は、支出の増加となる。
d　未払勘定の減少は、支出の増加となる。

問題8　資金運用表に関する記述で適切でないものはどれか。
a　売掛金や受取手形の増加は、「資金の使途」である。
b　「資金の源泉」と「資金の使途」の各項目は、精算表の固定資金欄から転記する。
c　「正味運転資金の増加の原因」の項目は精算表の固定資金欄から転記する。
d　買掛金や支払手形の増加は、「資金の源泉」である。

問題9　資金管理における資金計画策定にかかるリスクに対するコントロールについて、下記の（　）内に当てはまる語句の組み合わせを選べ。

「担当者はマネジメントによる資金計画案の（　A　）を十分に検証し、（　B　）の確認を行う。」

a　A　期間配分　　　B　実現性
b　A　期間配分　　　B　客観性
c　A　策定根拠　　　B　実現性
d　A　策定根拠　　　B　客観性

第4章 ● 資金管理

解答解説

現金出納管理

解答1－c

現金と同じだけの流通性があるもの、いつでも現金に変えられるものは会計上は現金として取り扱う。具体的には次の項目がある。
① 手元にある当座小切手
② 郵便為替証書
③ 送金小切手
④ 振替貯金払出証書
⑤ 送金為替手形
⑥ 期限の到来した公社債の利札

なお、自己振出小切手は当座預金の増減として処理し、他人振出小切手は現金の増減として処理する。

解答2－a

b　未渡小切手は、当座預金として処理する。
c　先日付小切手は、振出人との間で期日まで銀行へ呈示しないという合意がある小切手である。実質的に手形と考えられるために受取手形として処理する。
d　郵便切手・収入印紙等は、通貨のように支払手段として利用できるわけではないので、現金として処理することは不適切である。

解答3－b

小口現金の管理方法には、定額資金前渡法（インプレストシステム）と随時補給法がある。
① 定額資金前渡法とは、あらかじめ一定額を担当者に渡しておいて日常の支払いを行い、週単位あるいは月単位で使った額を補給する方法である。この方法では、一定期間の終了時点で、小口現金の使用額と同額を補給するため、一定期間の開始時点では、常に一定金額の小口現金があることになる。
② 随時補給法とは、前渡しする金額を決めずに、必要額を随時補給する方法である。

解答4－b

「現金過不足勘定は、その発生原因が不明なとき（A **一時的**）に用いる勘定であるため、不一致の原因が判明した場合は適切な勘定科目に振り替え、判明しなければ（B **雑収入又は雑損失**）として処理する。」

　現金過不足とは、現金の実際有高と帳簿残高が一致しない場合に用いる項目である。現金の実際有高と帳簿残高とが一致しないときは、その原因がわかるまでその不一致額を現金過不足勘定で処理しておき、後日原因が判明したときに正しい勘定に振り替える。原因が不明な場合は、決算において現金過不足の残高を雑収入（雑益）勘定又は雑損失（雑損）勘定に振り替える。

解答5－a

　現金の取扱いと記帳担当は、分担して相互牽制を図るべきである。

解答6－b

　支払いについては、一般的に以下のプロセスを経ることになる。
①支払依頼に対し各証憑書類等をもとに精査を行う。
②精査事実を踏まえ、支払いの手続きを実行する。
③支払事実を踏まえ、支払いの仕訳を計上する。
　bの支払伝票の作成は、③のプロセスで実施される。

解答7－b

　現金出納帳に記入するのは、入金期日の到来ではなく実際の入金事実の確認をもって行う。

解答8－d

　ペイオフとは金融機関が破産した場合に、預金保険機構が預金者に直接支払いを行うことにより預金者の預金債権を保護する仕組みのことである。
　ペイオフの対象である預金：当座預金、普通預金、定期預金、金銭信託等
　ペイオフの対象外である預金：外貨預金、譲渡性預金等

解答9－d

D　期日別債権残高の確認
B　入金予定日確認・支払通知書確認
A　入金内容の確認
C　該当部門への通知

解答10－d

　証憑書類の精査が漏れ、実体のない支払が行われるのは、銀行振込支払に関するリスクである。この場合、契約書・請求書等の証憑書類と支払依頼書を突合し、支払い内容を確認する。

解答11－b

　aは現金出納帳への記載を誤るリスクに対するコントロールである。cは利用頻度の低い取引口座が維持され、資金効率が低下するリスクに対するコントロールである。dは小口現金について不必要な額の補充が行われるリスクに対するコントロールである。

手形管理

解答１－d

a　手形は、法律で決められた記載事項どおりに作成されなければならない（要式証券性）。手形法上の必要的記載事項が１つでも欠けていれば、無効となる。

b　手形の権利内容は、証券上に書かれた内容によってのみ決定される（文言証券性）。

c　権利の行使に関しては、手形を呈示しなければ決済できない(呈示証券性)。

d　手形の権利が手形作成の法律関係の有無や有効無効によって影響を受けない（無因証券性）。つまり、手形の権利が発生すれば、手形発行の原因に関係なく、手形は有効とされる。

解答２－c

　手形割引とは、期日前の手形を第三者へ裏書譲渡し、期日までの利息や手数料を差し引いた金額で売却することである。期日前に行う早期決済手続きであり、一種の資金調達といえる。

解答３－b

　支払委託文句は、小切手の記載事項である。
　なお、約束手形の必要的記載事項は以下のとおりである。

①約束手形文句　　　⑤支払地　　　　　⑨振出人の署名
②支払約束文句　　　⑥受取人の名称
③手形金額　　　　　⑦振出日
④満期日　　　　　　⑧振出地

解答4－b
取立委任した手形が不渡りとなった場合、以下のような対応策を検討する。

第1号不渡り ①裏書人がいる場合には、不渡りになった事由を通知する ②裏書人がいる場合には、裏書人に遡及する ③債務者の財産を仮差し押さえする ④手形訴訟
第2号不渡り ①振出人に理由を確認 ②異議申立預託金の仮差し押さえ ③振出人と交渉 ④手形訴訟
第0号不渡り ①形式不備、裏書不備であれば、不備を補充のうえ取立委任 ②呈示期間経過後であれば、振出人に直接呈示

解答5－a
　手形の取扱いには当座預金口座が必要であり、また、割引の場合には手数料が差し引かれる。

解答6－c
　手形は、支払期日まで待てば振出人から支払いを受けることができる。また、支払期日の前に、売掛金などの支払いのために他人に譲渡したり、銀行での割引が可能である。これらのために保有状況等を期日別管理によって把握する。

解答7－c
　「第1回の不渡報告後、（A **6ヵ月**）以内に（B **2**）回目の不渡り（1号不渡り又は2号不渡り）を出すと（C **取引停止**）処分となる。」
　不渡手形は、手形交換所の不渡報告に掲載されると、取立委任者に返還される。第1回の不渡報告後、6ヵ月以内に2回目の不渡り（1号不渡り又は2号不渡り）を出すと、銀行協会は手形振出人に対して手形交換所の取引停止処分をし、以後2年間の銀行取引を停止される。

解答8－d
　割引料については、手形割引に関するリスクである。この場合、受取手形割引による利息コストと自社借入実施による利息コストを比較考量し、より有利

な資金調達方法を選択するべきである。

解答9－a
小切手には以下のような特徴がある。
①支払期日がない
②呈示期間は振出日の翌日から10日間
③呈示期間中に支払依頼の取消しができない
④受取人の記載が不要の持参人払式
⑤裏書きをすることなく権利譲渡が行える
⑥印紙不要

解答10－a
先日付小切手であっても、通常の小切手と変わりなく振出日から取立て可能である。

解答11－d

未渡小切手	当社が支払いのために小切手を振り出したにもかかわらず、いまだ取引先に渡されずに手許に残っている小切手。
未取付小切手	当社が支払いのために小切手を振り出し、取引先に渡したにもかかわらず、いまだ取引先から銀行に提示されていない小切手。
先日付小切手	実際の振出日より先の日付を記載して振り出す小切手。

解答12－c
aは受取手形仕訳の計上額を誤るリスクに対するコントロールである。bは受取手形の支払対象とは別の債権が消し込まれるリスクに対するコントロールである。dは受取手形管理台帳の記載内容もしくは記載金額を誤るリスクに対するコントロールである。

■ 有価証券管理

解答1－a
金融商品の多種多様化に伴って、複数のリスクが重なっていることもある。金融商品の主なリスクは信用リスク、価格変動リスク、為替リスク、金利変動リスク、流動性リスク、カントリーリスクである。

信用リスクとは、資金の投資先が経営破たんを起こすことによって、元本・利息の支払いが遅れたり、支払われない可能性のことである。価格変動リスク

とは、株価や債権価格などが市場で変動する可能性のことである。為替リスクとは、海外に投資をした場合に生じるリスクで、為替レートが円高になると円での受取額が減少する可能性のことである。金利変動リスクとは、変動金利商品において金利が下落してしまう可能性および固定金利商品において金利が上昇した場合に高金利を受けることができない可能性のことである。流動性リスクとは、必要なときに現金化できない可能性のことである。カントリーリスクとは、海外に投資をした場合に、その国の政治的・経済的理由により元本・利息の支払いが遅れたり、支払われない可能性のことである。

解答2－d
配当収入は債券投資ではなく、株式投資の収益である。

解答3－c
a 債券投資元本に対し、直接的に得られる年間のクーポン収入の割合
　　　　　　　　　　　　　　　　　　　　　　　　　　　　……………… 直接利回り
b 債券発行時に取得し、償還まで保有した場合の年間利回り
　　　　　　　　　　　　　　　　　　　　　　　　　　　　……………… 応募者利回り
c 償還前に債券を売却する場合の年間利回り ……………… 所有期間利回り
d 債券を満期まで所有した場合の年間利回り ……………… 最終利回り

解答4－c
金融商品に関する会計基準では、保有目的により次の4つに区分している。

売買目的有価証券	時価の変動により利益を得ることを目的として保有する有価証券である。通常は、同一銘柄に対して相当程度の反復的な購入と売却が行われるものをいう。
満期保有目的の債券	満期まで保有する意図をもって保有する債券である。企業が償還期限まで所有するという積極的な意思が必要となる。なお、満期保有目的の債券に分類するためには、価格変動リスクがなく、あらかじめ定められた償還日があり、かつ額面金額で償還が行われることが必要である。
子会社及び関連会社株式	子会社株式とは、支配力の行使を目的として保有する株式であり、関連会社株式とは、影響力の行使を目的として保有する株式である。
その他有価証券	売買目的有価証券、満期保有目的の債券、子会社及び関連会社株式のいずれにも分類できない有価証券である。これは、長期的な時価の変動により利益を得ることを目的として保有する有価証券又は業務提携などの目的で保有する有価証券などが該当する。

解答5－a

a 連結財務諸表を作成するにあたり、関連会社株式については持分法を適用するが、個別財務諸表では原価評価となる。
b 売買目的有価証券以外の有価証券については減損処理の対象となる。時価が著しく下落したときは、回復する見込みがあると認められる場合を除いて時価を貸借対照表価額としなければならない。
c 満期保有目的債券は貸借対照表日の翌日から起算して満期まで1年超であれば投資その他の資産に投資有価証券として表示され、満期まで1年以内であれば流動資産の部に有価証券として表示される。
d その他有価証券を時価評価した場合の評価差額については、評価益でも評価損でも純資産の部に計上する方法（全部純資産直入法）と、評価益ならば純資産の部へ計上し、評価損の場合は当期の損失として認識する方法（部分純資産直入法）がある。

解答6－b

有価証券		会計処理
Ⅰ 売買目的有価証券	………………………	Ⅴ 当期の損益
Ⅱ その他有価証券	………………………	Ⅵ 純資産の部
Ⅲ 満期保有目的債券	………………………	Ⅶ 認識せず
Ⅳ 子会社及び関連会社株式	………………	Ⅶ 認識せず

解答7－b

売買目的有価証券については、時価により評価する。評価差額を損益計算書に当期の損益として認識する。売買目的有価証券の評価差額は、売却が予定されており、また、企業が保有している期間の財務活動の成果を表すため、実現損益に準ずる性格のものとして当期の損益に含めるものとされている。なお、有価証券運用損益は、有価証券評価損益として処理してもよい。

解答8－c

「市場価格のある株式は、時価が（A 著しく下落）したときに回復する見込みがあると認められる場合を除き、時価をもって貸借対照表価額とし、評価差額は（B 当期の損失）として計上する。」

売買目的有価証券以外の満期保有目的の債券、子会社及び関連会社株式並びにその他有価証券のうち市場価格（時価）のあるものについては、時価が著しく下落したときは回復する見込みがあると認められる場合を除き、時価により

評価し、評価差額を当期の損失として処理しなければならない。

解答9－b

「市場価格のない株式は（A **取得原価**）をもって貸借対照表価額とするが、当該株式の発行会社の財政状態の悪化により（B **実質価額**）が著しく低下したときは減損処理を行い、評価差額を当期の損失として計上する。」

市場価格のない株式については、発行会社の財政状態の悪化により実質価額が著しく低下したときは相当の減額をし、評価差額を当期の損失として処理する。

解答10－a

上場株式の時価評価額の算定については、時価評価に関するリスクである。この場合、評価対象証券を特定し、有価証券管理台帳及び株価を確認し、評価額が適切に算定されていることを確認するべきである。

解答11－b

aは支払依頼の確認を怠り、支払いを誤るリスクに対するコントロールである。cは投資決定とは異なる内容で契約書を締結するリスクに対するコントロールである。dは有価証券計上額を誤るリスクに対するコントロールである。

解答12－a

a　株価÷EPS ……………………… 株価収益率
b　1株当たり配当÷株価 …………… 配当利回り
c　株価÷1株当たり純資産 ………… 株価純資産倍率
d　1株当たり利益÷株価 …………… 株式益回り

解答13－a

「インサイダー取引とは、上場会社や関連会社の（A **役員**）や大株主、取引銀行、取引先などの会社関係者から（B **株価**）に重要な影響を与える重要事実の伝達を受けた者が、その重要事実が公表される前に有価証券の売買を行うことである。」

違反すると、5年以下の懲役又は500万円以下の罰金が処せられ、法人として取引をした場合は、5億円以下の罰金が科せられる。

債務保証管理

解答1－c

「債務の保証、係争事件に係る賠償義務及び保証類似行為等のように、(**A決算日**) 時点では発生していないが、(**B将来**) 発生する可能性がすでに存在しており、将来の条件次第では発生が想定される潜在的な債務。」

偶発債務については、発生する可能性が低い場合には貸借対照表に当該債務に関して注記する必要がある。発生する可能性が高く、金額を合理的に見積ることができる場合には貸倒引当金として計上することになる。

解答2－b

「主たる債務者が債務を履行しない場合、(**A保証人**) がその債務を履行する責任を負うことを契約することにより、(**B債権者**) の債権を担保するものである。」

主たる債務者が債務を履行しない場合、保証人がその債務を履行する責任を負うことを契約することにより債権者の債権を担保する。なお、債務保証が実行され、保証人が弁済その他によって主たる債務を消滅させたときは、保証人は主たる債務者に求償できる。

解答3－d

債務保証損失引当金の流動・固定負債の区分は、1年基準による。

解答4－d

保証類似行為とは、停止条件付保証契約、予約完結権行使型保証予約のような形態の保証予約の他、経営指導念書等の差し入れのことである。

解答5－a

「連帯保証人は、(**A催告の抗弁権**) 及び検索の抗弁権を持たないこと、また、連帯保証人が数人いても (**B分別の利益**) を持たないことなどの点で、連帯保証は通常の保証よりも債権者にとって有利な制度である。」

連帯保証とは、保証人が主たる債務者と連帯して保証債務を負担することである。この保証は、主たる債務者について生じた事由はすべて連帯保証人にその効力が及ぶことになる付従性を有している。

解答6−c

a 偶発債務の定義や例示を社内規定で明確化し、分かりやすいようにしておく。
b 債務保証を行う場合には、事前に経理部門の承認を得るようルール化する。
d 偶発債務については、取締役会の決議事項とする。

解答7−d

偶発債務（債務の保証、係争事件に係る賠償義務その他、まだ発生していない債務で、将来において事業の負担となる可能性のあるもの）がある場合には、その内容及び金額を注記する。

また、財務諸表の注記対象となる債務保証には、通常の債務保証のほか、以下のような保証類似行為も含まれる。
①保証予約額
②経営指導念書等の記載内容が保証契約又は保証予約契約と実質的に同様であると認められる場合の保証相当額

なお、債務保証損失引当金は、注記事項ではなく、貸借対照表の流動負債又は固定負債に計上される。

解答8−a

承認された債務保証枠の確認を誤り、過大な債務保証の契約を締結するのは、債務保証契約に関するリスクである。この場合、承認された債務保証枠条件と契約書を突合し、内容を確認するべきである。

解答9−d

「担当者は、グループ会社からの債務保証申請内容とその財務内容からの債務保証の（A**安全性**）を検証し、社内で定められた基準に従って債務保証申請がなされていることを確認する。また、融資管理台帳及び債務保証台帳とグループ会社からの借入残高明細報告を突合し、グループ会社への（B**実質的**）な支配に該当しないことを確認する。」

それぞれ①財務内容の安全性の確認を誤り、過大な債務保証枠を設定するリスクと、②実質支配力の確認を誤り、連結範囲を誤るリスクに対するコントロールといえる。

貸付金管理

解答1－c

貸付実施前における調査事項としては、①企業の財政状態・経営成績、②企業の将来性、③会社設立状況・目的、④事業内容の変遷等である。なお、**回収不能に対する貸倒引当金計上**は、貸付けの後、回収の調査事項である。

解答2－b

「貸付期間が長期にわたり、（A**分割返済**）をするのが一般的であるため、1回当たりの返済額及び債務不履行となった場合の（B**特約**）条項を入れる必要がある。」

証書貸付は一般的にタームローンとも呼ばれ、借入金額、金利、期間、返済方法などを規定した金銭消費貸借契約書を金融機関と交わすことによって借り入れる方法である。一般的に、3～5年程度の中長期的な借入に用いられ、貸付及び債権確保の手段として借用証書が作成される。

解答3－d

「返済期限の約束がある場合、借主は約束に従って返済しなければならないが、返済期まで返さなくてもよいとする（A**期限の利益**）を有する。また、約束がない場合でも貸主は（B**相当の期間**）を定めて返還の催告として返済を求めることができる。」

契約で履行期限が定められている場合、期限が到来するまでの間は、債務の履行が猶予される。ただし、借主が民法13条に規定される①破産手続開始の決定を受けたとき、②担保を滅失、損傷、減少させたとき、③担保提供義務を怠ったときは、期限の利益を主張できない。また、期限の利益喪失条項を結び、その事項に該当した場合にも期限の利益を主張できない。

解答4－d

借主はいつでも返済可能である。なお、利息付きの貸付金の場合、返済期限前までに返済しても、原則として返済期限までの利息を支払うことになる。

解答5－a

b 融資管理台帳が完備されていても、融資先への残高確認は状況に応じて必要である。
c 返済が遅延や延滞している場合には、事実確認するとともに債権保全等の

対応策を策定、実施する。
d　融資契約書ごとに管理するのでは、契約書の破損・紛失や手続きの煩雑さが伴う。このため融資契約書の内容に基づいた融資管理台帳を作成することで、管理の効率化が図られる。

解答6－a
元本回収における請求内容の確認事項としては、融資契約書、融資元本残高、返済スケジュール、請求額、請求内容などが含まれる。

解答7－c
請求書の記載金額を誤り、請求金額に過不足が生じるのは、元本回収に関するリスクである。この場合、融資管理台帳と請求書の記載金額を突合し、請求金額を確認するべきである。

解答8－a
bは融資条件変更の可否判断を誤り、適正な額を超えた融資額を承認するリスクに対するコントロールである。cは融資残高の確認を誤るリスクに対するコントロールである。dは元本増減及び利息の回収の記帳を誤るリスクに対するコントロールである。

借入金管理

解答1－a
会計上、決算日の翌日から1年以内に返済するものを短期借入金、1年を超えて返済するものを長期借入金と分類する。土地、建物、機械といった長期に渡って使用する資産は、その長期間の使用によって投下資本を回収するものである。よって、設備資金のための借り入れはすぐに返済するのではない長期借入金が適している。

解答2－a
借入の際、借入申込書のほか添付書類として必要なものは次の通りである。
①会社が存在することを表す書類：法人印鑑証明書、商業登記簿謄本、定款、許認可書
②会社の構成を表す書類：役員名簿、株主名簿、会社案内
③会社の状況を表す書類：決算書3期分
④保証人、担保等に関する書類

解答3 − d

a 手形貸付とは借用証書の代わりに借入れる側が銀行宛の手形を振り出し、これと引き換えに銀行から借入れをする方法である。
b 証書貸付とは借入れの内容や条件などを記載した金銭消費貸借契約証書を差し入れた上で、借入れをする方法である。
c 手形割引とは商取引によって受け取った手形を、手形の支払期日前に銀行などに買い取ってもらう方法である。
d 当座借越は借入れ側の項目である。

解答4 − c

金銭消費貸借契約書には、借入金額、借入目的、借入方法、利率、返済期限、返済方法などを記載する。経過利息は利払日と決算日がことなる場合の未払い分に対する会計処理で生じるもので、金銭消費貸借契約とは関係がない。

解答5 − c

日本市場で日割り計算を行う場合の分母は365日を用いるのが一般的である。ロンドン市場の銀行間貸出金利であるＬＩＢＯＲ（London Interbank Offered Rate）を適用して計算する場合は360日を用いて計算を行う。

両端入れは、借入日と返済日の両方を借入日数に含める利息の日割り計算方法である。片端入れは借入日と返済日のどちらかを借入日数に含める利息の日割り計算方法である。どちらかなので、借入日を含めずに返済日を含めてもよい。

解答6 − b

長期・短期の区分など借入契約とは異なった金額の借入金仕訳が計上されるのは、借入実行に関するリスクである。この場合、契約書と仕訳伝票を突合し、借入計上額を確認する。

解答7 − d

aは返済事実と異なった金額の借入返済仕訳が計上されるリスクに対するコントロールである。bは請求内容と支払依頼の確認を怠り、支払いを誤るリスクに対するコントロールである。cは返済期日の確認、担保設定の抹消確認が漏れるリスクに対するコントロールである。

社債管理

解答1-d

「社債の発行は、企業による資本市場からの証券発行形式による(**A長期**)資金調達方法の1つである。広く一般から資金調達ができる点と、増資と異なり(**B資本**)の増加を伴わない点に特徴がある。」

社債とは会社が発行する債券であり、通常は、設備投資資金等長期的な資金を多数の投資家から調達することを目的としている。

解答2-d

社債を発行した場合は、社債発行総額、利率、発行価額、期限、償還方法の決定などを記載した社債原簿を本店へ備え置かなければならない。そして、社債管理者の設置が義務付けられている。

解答3-d

「社債管理者は、(**A社債権者**)のために弁済を受ける等の業務を行うのに必要な一切の権限を有する者であり、無担保社債を発行する会社に際しては、(**B投資家**)保護の観点から会社法上、設置が義務付けられている。」

社債管理者とは、社債権者のために弁済の受領・債権の保全その他の社債の管理を行う者のことである。

会社が社債を発行する場合、社債管理者の設置が義務付けられる。ただし、以下の要件のいずれかを満たす場合には、社債管理者を置かないことができる。
①各社債の金額が1億円以上である場合
②ある種類の社債の総額を当該種類の各社債の金額の最低額で除して得た数が50を下回る場合

なお、社債管理者に就任できる者は銀行・信託銀行・担保付社債信託法第3条の免許を受けた者等に限られる。

解答4-b

「社債管理者が、(**A会社法**)又は(**B社債権者集会**)の決議に違反する行為を行い、これによって社債権者に損害が生じた場合、社債管理者は債権者に対して賠償責任を負う。また、社債管理者が複数存在する場合には、これらの社債管理者は(**C連帯して**)責任を負う。」

社債管理者は、社債発行会社が社債の償還もしくは利息の支払いを怠り、もしくは社債発行会社について支払いの停止があった後又はその前3ヵ月以内に、

次に掲げる行為をしたときは、社債権者に対し損害を賠償する責任を負う。ただし、当該社債管理者が誠実にすべき社債の管理を怠らなかったこと又は当該損害が当該行為によって生じたものでないことを証明したときは免責される。
①当該社債管理者の債権に係る債務について、社債発行会社から担保の供与又は債務の消滅に関する行為を受けること。
②当該社債管理者と法務省令で定める特別の関係がある者に対して、当該社債管理者の債権を譲り渡すこと。
③当該社債管理者が社債発行会社に対する債権を有する場合において、契約によって負担する債務を専ら当該債権をもってする相殺に供する目的で、社債発行会社の財産の処分を内容とする契約を社債発行会社との間で締結し、又は社債発行会社に対して債務を負担する者の債務を引き受けることを内容とする契約を締結し、かつ、これにより社債発行会社に対し負担した債務と当該債権とを相殺すること。
④当該社債管理者が社債発行会社に対して債務を負担する場合において、社債発行会社に対する債権を譲り受け、かつ、当該債務と当該債権とを相殺すること。

解答5−c
a 発行事務手数料は発行事務及び期中事務委託契約に基づき、発行事務の対価として発行事務代行会社に支払われる手数料である。
b 引受手数料は総額引受契約に基づき社債の引受人に支払われる手数料である。
c 元利金支払手数料は元利金支払事務取扱契約に基づき社債元金の支払いを行った元利金支払事務取扱者に支払われる手数料。これは、発行時ではなく償還時に係る手数料である。
d 応募者登録手数料は登録手数料に関する契約に基づき、登録機関に支払われる当初登録手数料である。

解答6−d
a 社債権者集会は社債の種類ごとに組織され、社債権者の意思を決定する法定の臨時の会議体である。
b 招集権者は、原則として社債発行会社又は社債管理者である。なお、①ある種類の社債総額の10％以上を有する社債権者は招集の請求ができ、②遅滞なく招集されない場合等は、裁判所の許可を得て自ら招集できる。
c 社債権者集会は、必要がある場合にはいつでも招集することができる。

解答7－c

　元本増減時に社債台帳への記帳が漏れるのは、社債残高管理に関するリスクである。この場合、社債発行時及び償還時には、元本増減を社債台帳に記載し、会計帳簿と突合し、記載に漏れがないことを確認する。

解答8－b

　aは社債契約とは異なった金額の社債利息仕訳が計上されるリスクに対するコントロールである。cは格付け機関への格付け依頼に必要な書類が漏れ、格付けが取得できないリスクに対するコントロールである。dは社債管理会社との契約が遅れ、社債が発行できないリスクに対するコントロールである。

デリバティブ取引管理

解答1－d

　デリバティブ取引には以下のようなものがある。

先物取引	将来のある時点であらかじめ定めた価格である商品を売買する約定で差額「売り・買いの差額」決済を行う取引。
先渡取引	将来のある時点にあらかじめ定めた価格である商品を売買する約定で現物決済を行う取引。
オプション取引	将来の一定時点又は一定期間において特定の基礎商品等を一定の価格で購入又は売却する権利を売買する契約である。
スワップ取引	将来の一定期間に生じるキャッシュフローを交換する契約である。同一通貨間で交換する場合には、金利のみ交換する「金利スワップ」となり、異種通貨間で交換する場合は、元本と金利の両方を交換する「通貨スワップ」となる。

解答2－b

　デリバティブ取引の目的としては以下の3つが考えられる。

投機目的 （スペキュレーション）	収益を得ることを目的に、リスクをとってデリバティブに取り組むこと。
ヘッジ目的	保有資産及び負債が、金利、為替、有価証券等の相場変動によって被る損失を防ぐためにデリバティブを利用すること。
裁定取引 （アービトラージ）	従来の金融商品とデリバティブ取引の各市場の相場のずれを利用して、利鞘を得ること。

解答3-b

スワップ取引とは現在価値の等しいキャッシュフローを交換する取引である。また、通貨スワップとは当初異なる通貨の元本を交換し、その後の一定期間中は異なる通貨の利息支払いを交換し、期間の最後に当初合意された為替レートで対応する元本の交換を行う取引である。

解答4-c

約定基準とは有価証券等の取引を発生主義で認識する方法で、取引が成立した日（約定日）に資産の売買を認識する基準である。

解答5-d

流動性リスクとは、市場の流動性が限定されることにより、フェアプライスで手仕舞できなくなるリスクである。なお、ポートフォリオの価値が不利な方向へ変動するリスクは、マーケットリスクである。

解答6-b

「ヘッジ会計とは、ヘッジ対象に係る損益とヘッジ手段に係る損益を同一の会計期間に認識し、ヘッジの効果を会計に反映させるための会計処理であり、通常、ヘッジ取引は（A**相場変動**）の相殺や、キャッシュフローの（B**固定化**）を目的として実行される。」

ヘッジ会計とはヘッジ取引のうち一定の要件を満たすものについて、ヘッジ対象に係る損益とヘッジ手段に係る損益を同一の会計期間に認識し、ヘッジの効果を会計に反映させるための特殊な会計処理である。なお、ヘッジ取引とはヘッジ対象の資産又は負債に係る相場変動を相殺するか、ヘッジ対象の資産又は負債に係るキャッシュフローを固定してその変動を回避することにより、損失の可能性を減殺する目的で、デリバティブ取引をヘッジ手段として用いる取引である。

解答7-d

「デリバティブ取引により生じる正味の債権及び債務は、（A**時価**）をもって貸借対照表価額とし、評価差額は、原則として、（B**当期の損益**）として処理する。」

金融商品に関する会計基準では、デリバティブ取引により生じる正味の債権及び債務は時価をもって貸借対照表価額とし、評価差額は、原則として当期の損益として処理すると規定されている。一方で、ヘッジ取引のうち一定の要件

を満たすものについては、ヘッジ対象に係る損益とヘッジ手段に係る損益を同一の会計期間に認識し、ヘッジの効果を反映させるヘッジ会計を適用することができる。

解答8－a
ヘッジ方針に合致しない商品を選択するのは、デリバティブの契約に対するリスクである。この場合、ヘッジ方針を確認し、ヘッジ目的に合致した商品を選択する必要がある。

解答9－c
「（A現物）取引の方針及び取引内容をふまえ、（A現物）取引における（Bリスク）の所在を明確にしたうえで（Cヘッジ）取引方針を策定する。」
担当者はヘッジ取引の適用の可否について、まず、現物取引に関するリスクの所在を確認して適切なヘッジ方針を策定する必要がある。その後、契約、取引実行、ポジション管理、時価評価といった手続きを経ることになる。

外貨建取引管理

解答1－d
「銀行間相場には、（A直物）為替相場と（B先物）為替相場がある。」
外貨建取引の換算を行う場合に適用される外国為替相場には、直物為替相場と先物為替相場がある。直物為替相場とは外貨との交換が当日または翌日中に行われる場合に適用される為替相場であり、スポット・レートとも呼ばれる。これに対し、先物為替相場とは将来の時点で外貨と交換することを契約する取引に適用される為替相場であり、フォワード・レートとも呼ばれる。

解答2－a
為替相場が円高基調であるとは、たとえば、110円/ドルが100円/ドルになることである。
つまり、売掛金が1万ドルであるとすると取引当時は110万円であり、期末は100万円に目減りして換算差額は為替差損として処理することになる。

解答3－a
為替相場が円安基調であるとは、たとえば、110円/ドルが120円/ドルになることである。
つまり、借入金が1万ドルであるとすると取引当時は110万円であり、期末

は120万円に負債が増加して換算差額は為替差損として処理することになる。

解答4－a
b 外貨建満期保有目的債券は、①償却原価法を適用している場合には、外国通貨による償却原価を決算時の為替相場により換算するか、②償却原価法を適用していない場合は外国通貨の取得原価を決算時の為替相場により換算する。
c 時価のある外貨建その他有価証券については、外国通貨の時価を決算時の為替相場で換算する。
d 外貨建子会社株式・関連会社株式については、取得時の為替相場で換算する。

解答5－c
a 外貨建子会社・関連会社株式については、取得時の為替相場で換算されるため、換算差額は生じない。
b 外貨建満期保有目的債券の換算差額については、為替差損益として処理する。なお、償却原価法を適用している場合の償却額については有価証券利息として処理する。
d 外貨建その他有価証券の換算差額については、全部純資産直入法又は部分純資産直入法により、「その他有価証券評価差額金」として処理するか、「その他有価証券（投資有価証券）評価損」として処理する。

解答6－a
「在外子会社等の決算日が、連結決算日と異なる場合には、原則として貸借対照表項目（純資産の部を除く）は在外子会社の（A **決算日**）における為替相場、損益計算書は在外子会社等の会計期間に基づく（B **期中平均相場**）によりそれぞれ換算する。」

在外子会社等の財務諸表項目の換算は、①損益計算書、②株主資本等変動計算書、③貸借対照表の順で換算する。

①損益計算書の換算
1）親会社との取引により生じた収益及び費用を親会社が換算に用いる為替相場により換算する。
2）1）以外の取引により生じた収益及び費用を原則として期中平均相場により換算する。ただし、決算時の為替相場により換算することもできる。
3）「当期純利益」を期中平均相場又は決算時の為替相場により換算し、株主資本等変動計算書に移記する。
4）損益計算書の貸借差額を為替差損益として処理する。

②株主資本等変動計算書の換算
1）「当期首残高」のうち、親会社による株式取得時における純資産項目は、株式取得時の為替相場により換算し、株式取得後に生じた増減額は、各年度における発生時の為替相場により換算する。
2）損益計算書から「当期純利益」を移記する。
3）その他の当期変動額を取引時の為替相場により換算する。
4）「当期末残高」を株主資本等変動計算書の貸借差額により求め、貸借対照表に移記する。

③貸借対照表の換算
1）資産及び負債を決算時の為替相場により換算する。
2）株主資本等変動計算書から純資産項目の「当期末残高」を移記する。
3）貸借対照表の貸借差額を「為替換算調整勘定」として処理し、「純資産の部（その他の包括利益累計額）」に計上する。

解答7－d
振当処理は同一企業内で各部門（セグメント）別に選択適用が可能となっている。

解答8－c
為替ポジションとは外国為替取引により発生した外貨建債権・債務残高の差額である。

解答9－c
期末為替レートの把握を間違えることによる期末評価換算を誤るのは、期末評価に関するリスクである。この場合、期末評価換算算定の為替レートと、社内の規定で参照することが定められた金融機関等が発表する為替レートを突合し、為替レートが正しいことを確認すべきである。

資金管理

解答1－c

　新株発行（増資）は、他人資本ではなく株主（自己）資本である。また、株主資本の増加は財務指標の改善につながる場合が多い。なお、新株発行によると、株主から内部留保の確保や企業価値の向上を求められ調達コストが高くなることがあり、議決権の増加は経営への介入を招く可能性がある。

解答2－a

　社債に関する利子は常に一定額で固定費としての性質を有している。

解答3－d

　「キャッシュフロー計算書は一会計期間におけるキャッシュの増減を表示する（A**財務諸表**）である。営業区分、（B**投資区分**）、財務区分の3つに区分されている。」

　キャッシュフロー計算書は、貸借対照表、損益計算書と並んで重要とされている財務諸表で、上場企業において2000年3月期より作成が義務付けられた。

解答4－d

　営業活動によるキャッシュフローの区分では営業損益計算の対象となった取引のほか、投資活動及び財務活動以外の取引によるキャッシャフローが記載される。法人税等の支払額、災害による保険金収入、損害賠償金の支払額等は投資活動及び財務活動以外の取引として営業活動によるキャッシュフローの区分に表示される。なお、配当金の支払いは財務活動によるキャッシュフローの区分に表示される。

解答5－d

　投資活動によるキャッシュフローの区分に記載する主な項目は次のとおりである。
①有形固定資産及び無形固定資産の取得による支出
②有形固定資産及び無形固定資産の売却による収入
③有価証券（現金同等物を除く）及び投資有価証券の取得による支出
④有価証券（現金同等物を除く）及び投資有価証券の売却による収入
⑤貸付けによる支出
⑥貸付金の回収による収入

財務活動によるキャッシュフローの区分に記載する主な項目は次のとおりである。
① 株式の発行による収入
② 自己株式の取得による支出
③ 配当金の支払い
④ 社債の発行又は借入れによる収入
⑤ 社債の償還又は借入金の返済による支出

解答6－a
a 現金同等物とは「容易に換金可能であり、かつ、価値の変動について僅少なリスクしか負わない短期投資」のことをいう。短期投資の要件については満期日又は償還日までの期間が3ヵ月以内とされているが、起算時点は決算日からではなく取得日からである。
b キャッシュフロー計算書において、直接法と間接法の相違点は営業活動によるキャッシュフローの部分だけである。
c 営業活動によるキャッシュフローの区分では、営業損益計算の対象となった取引のほか、投資活動及び財務活動以外の取引によるキャッシャフローが記載される。
d 受取利息・配当金や支払利息・配当金の区分については、継続適用を条件として次の2つの方法が認められている。
　① 受取利息・受取配当金・支払利息→営業活動、支払配当金→財務活動
　② 受取利息・受取配当金→投資活動、支払利息・支払配当金→財務活動
　　従って、いずれの方法でも、配当金の受取額と支払額は、異なる活動区分に表示される。

解答7－d
a 売掛債権の増加は、収入の**減少**となる。
b 売掛債権の減少は、収入の**増加**となる。
c 買掛債務の増加は、支出の**減少**となる。

解答8－c
c：「正味運転資金の増加の原因」の項目は精算表の流動資金欄から転記する。資金の使途・源泉と貸借対照表の差額要因の関係は以下のとおりである。

	資金の使途		資金の源泉
資産の増加	①流動資産の増加 ②固定資産の増加	資産の減少	①流動資産の減少 ②固定資産の減少
負債の減少	①流動負債の減少 ②固定負債の減少	負債の増加	①流動負債の増加 ②固定負債の増加
純資産の減少	①資本の減少 ②損失の発生	純資産の増加	①資本の増加 ②利益の発生

解答9－c

「担当者はマネジメントによる資金計画案の（A**策定根拠**）を十分に検証し、（B**実現性**）の確認を行う。」

　担当者はマネジメントによる資金計画案が実現不可能あるいは効率性の悪いものになるのを回避するため、策定根拠を十分検証し実現性を確認する必要がある。

MEMO

FASS スピード問題集　〔第2版〕

2009年3月10日　初　版　第1刷発行
2014年6月20日　第2版　第1刷発行
2017年10月10日　第2版　第3刷発行

編 著 者	T A C 株 式 会 社
	（ F A S S 研 究 会 ）
発 行 者	斎 藤 博 明
発 行 所	TAC株式会社　出版事業部
	（TAC出版）

〒101-8383　東京都千代田区三崎町3-2-18
電話 03(5276)9492(営業)
FAX 03(5276)9674
http://www.tac-school.co.jp

組 版	株式会社　グ ラ フ ト
印 刷	株式会社　ワコープラネット
製 本	東京美術紙工協業組合

© TAC 2014　　Printed in Japan　　ISBN 978-4-8132-5732-5

落丁・乱丁本はお取り替えいたします。

本書は，「著作権法」によって，著作権等の権利が保護されている著作物です。本書の全部または一部につき，無断で転載，複写されると，著作権等の権利侵害となります。上記のような使い方をされる場合，および本書を使用して講義・セミナー等を実施する場合には，小社宛許諾を求めてください。

視覚障害その他の理由で活字のままでこの本を利用できない人のために，営利を目的とする場合を除き「録音図書」「点字図書」「拡大写本」等の製作をすることを認めます。その際は著作権者，または，出版社までご連絡ください。

EYE LOVE EYE

TAC出版 書籍のご案内

TAC出版では、資格の学校TAC各講座の定評ある執筆陣による資格試験の参考書をはじめ、資格取得者の開業法や仕事術、実務書、ビジネス書、一般書などを発行しています!

TAC出版の書籍
＊一部書籍は、早稲田経営出版のブランドにて刊行しております。

資格・検定試験の受験対策書籍

- 日商簿記検定
- 建設業経理士
- 全経簿記上級
- 税理士
- 公認会計士
- 社会保険労務士
- 中小企業診断士
- 証券アナリスト
- ファイナンシャルプランナー(FP)
- 証券外務員
- 貸金業務取扱主任者
- 不動産鑑定士
- 宅地建物取引士
- マンション管理士
- 管理業務主任者
- 司法書士
- 行政書士
- 司法試験
- 弁理士
- 公務員試験(大卒程度・高卒者)
- 情報処理試験
- 介護福祉士
- ケアマネジャー
- 社会福祉士　ほか

実務書・ビジネス書

- 会計実務、税法、税務、経理
- 総務、労務、人事
- ビジネススキル、マナー、就職、自己啓発
- 資格取得者の開業法、仕事術、営業術
- 翻訳書 (T's BUSINESS DESIGN)

一般書・エンタメ書

- エッセイ、コラム
- スポーツ
- 旅行ガイド (おとな旅プレミアム)

TAC出版

(2017年7月現在)

書籍のご購入は

1 全国の書店、大学生協、ネット書店で

2 TAC各校の書籍コーナーで

資格の学校TACの校舎は全国に展開！
校舎のご確認はホームページにて

資格の学校TAC ホームページ
http://www.tac-school.co.jp

3 TAC出版書籍販売サイトで

CYBER BOOK STORE TAC出版書籍販売サイト

TAC 出版 で 検索

24時間ご注文受付中

https://bookstore.tac-school.co.jp/

- 新刊情報をいち早くチェック！
- たっぷり読める立ち読み機能
- 学習お役立ちの特設ページも充実！

TAC出版書籍販売サイト「サイバーブックストア」では、TAC出版および早稲田経営出版から刊行されている、すべての最新書籍をお取り扱いしています。
また、無料の会員登録をしていただくことで、会員様限定キャンペーンのほか、送料無料サービス、メールマガジン配信サービス、マイページのご利用など、うれしい特典がたくさん受けられます。

サイバーブックストア会員は、特典がいっぱい！（一部抜粋）

通常、1万円（税込）未満のご注文につきましては、送料・手数料として500円（全国一律・税込）頂戴しておりますが、1冊から無料となります。

専用の「マイページ」は、「購入履歴・配送状況の確認」のほか、「ほしいものリスト」や「マイフォルダ」など、便利な機能が満載です。

メールマガジンでは、キャンペーンやおすすめ書籍、新刊情報のほか、「電子ブック版TACNEWS（ダイジェスト版）」をお届けします。

書籍の発売を、販売開始当日にメールにてお知らせします。これなら買い忘れの心配もありません。

書籍の正誤についてのお問合わせ

万一誤りと疑われる箇所がございましたら、以下の方法にてご確認いただきますよう、お願いいたします。

なお、正誤のお問合わせ以外の書籍内容に関する解説・受験指導等は、**一切行っておりません。**
そのようなお問合わせにつきましては、お答えいたしかねますので、あらかじめご了承ください。

1 正誤表の確認方法

TAC出版書籍販売サイト「Cyber Book Store」の
トップページ内「正誤表」コーナーにて、正誤表をご確認ください。

CYBER TAC出版書籍販売サイト
BOOK STORE

URL:https://bookstore.tac-school.co.jp/

2 正誤のお問合わせ方法

正誤表がない場合、あるいは該当箇所が掲載されていない場合は、書名、発行年月日、お客様のお名前、ご連絡先を明記の上、下記の方法でお問合わせください。
なお、回答までに1週間前後を要する場合もございます。あらかじめご了承ください。

文書にて問合わせる

- 郵送先　〒101-8383 東京都千代田区三崎町3-2-18
　　　　　TAC株式会社 出版事業部 正誤問合わせ係

FAXにて問合わせる

- FAX番号　**03-5276-9674**

e-mailにて問合わせる

- お問合わせ先アドレス　**syuppan-h@tac-school.co.jp**

お電話でのお問合わせは、お受けできません。

(2015年12月現在)